Потеря чести

Андрей Зарин

Потеря чести

Copyright © 2022 Indo-European Publishing

ISBN: 978-1-64439-803-6

СОДЕРЖАНИЕ

Потеря чести ………………………………………... 1
Пьяные сны ……………………………………….... 50
Приманка на кровь ……………………………… 85
Пропавший артельщик ………………………… 106
Наш уважаемый ………………………………… 137

ПОТЕРЯ ЧЕСТИ

Трагическая история

I

Алексей Романович Патмосов благодушествовал. Семья только что позавтракала, и Алексей Романович пил свою чашку кофе, величиною с маленькую миску, и читал газеты.

Этот комфорт, это маленькое благосостояние досталось Патмосову далеко не легко. В течение вот уже двадцати пяти лет он работал на пользу общества, и в частности для отдельных лиц, с опасностью для жизни, в постоянном напряжении, в постоянной борьбе с самим олицетворением зла.

Патмосов известен всем, кому нужны его услуги, как частный сыщик. Скромный и честный, он знал не одну семейную тайну, вверенную ему. Изобретательный и находчивый до гениальности, смелый, решительный и сильный, он раскрыл в своей жизни сотни преступлений, настиг и предал в руки правосудия сотни преступников, и рассказы о его делах не менее занимательны, чем рассказы о подвигах фантастического Шерлока Холмса.

Теперь Патмосову уже 57 лет и он берется за дело только по особенной просьбе, но каждое взятое им дело он доводит до конца, увеличивая свою славу среди сведущих об его делах людей.

Даже наша образцовая сыскная полиция при каждом запутанном деле обращается к нему если не за содействием, то за советом.

Патмосов допивал последний глоток кофе, когда вошла прислуга и подала ему визитную карточку.

— Желают вас видеть!

1

— Попроси в кабинет! Патмосов взял карточку и прочел:

- "Андрей Федорович Колычев".

— Кто это? По делу? — спросила жена со свойственным женщинам любопытством.

— Вероятно, — ответил Патмосов, застегивая и одергивая свой домашний пиджак, — если это тот самый Колычев, то, можно сказать, фигура!

Небольшая комната кабинета, устланная ковром, с тяжелыми драпировками на дверях, имела характер и делового бюро, и уютного уголка. В простенке стоял американский стол с опускающейся доской, рабочий табурет и буковое кресло. По углам два высоких, узких дубовых шкафа, которые Патмосов звал своим "архивом"; вдоль одной из стен стояла широкая оттоманка, а напротив — диван, стол, мягкие кресла, в углу, против печки, шахматный стол, над которым висел телефон.

Все четыре стены комнаты были увешаны портретами негодяев и преступников, пойманных и обличенных им, спасенных им жертв, благодарных клиентов и снимками картин преступлений.

Патмосов с любовью сортировал их, и на каждой стене развешаны были фотографии своей категории.

Когда он вошел в кабинет, гость его рассматривал фотографии, висящие над диваном.

Он быстро обернулся и протянул руку Патмосову.

— Слыхал от людей, что не отказываете в помощи ближнему, и приехал к вам!

Это был высокий, плотный господин, лет шестидесяти пяти на вид, с седой, окладистой бородой, с сановитой осанкой человека, сознающего свое достоинство.

— Чем могу служить, всегда готов, — добродушно ответил Патмосов, — садитесь, пожалуйста. Послушаем!

Колычев опустился в кресло и еще раз взглянул на стену.

— Однако у вас коллекция! — сказал он. — И чисто ангельские и исполненные благородства лица — и тут же бритые головы и зверские физиономии. Скажите, это все преступники?

Патмосов улыбнулся.

2

— Мною обличенные и схваченные. Здесь много интересного для физиономиста! — Он оживился и с юношеским порывом подошел к портретам. — Вот женщина с лицом кроткой голубицы. Она заманивала к себе богатых людей и помогала убивать их. Я поймал ее на шестом! А вот этот соблазнял девушек и вел ими торговлю. Это просто убийца, а вот — благородное лицо, львиная шевелюра — это мой друг Санин, известный художник, который стал убийцей в запальчивости. А этот...

Тут Патмосов оборвал свою речь и добродушно засмеялся.

— Я-то разболтался, а вы по делу! Простите, пожалуйста! — сказал он и сел против Колычева с готовностью слушать. — Ну-с, теперь вы рассказывайте!

Колычев закурил папиросу и озабоченно оглянулся.

— Будьте покойны! — успокоил его Патмосов. — Мы как в башне. Двойные двери, портьеры, а здесь, — он указал на открытую дверь налево, — моя уборная и спальня.

Колычев кивнул, выпустил струю дыма и, видимо затрудняясь, с чего начать, сказал:

— Я уж с вами с полной откровенностью...

— Не иначе, — улыбнулся Патмосов. Колычев вытер лицо платком и откашлялся.

II

— Видите ли, — начал он, — вы меня, вероятно, знаете...

— Действительный статский советник, домовладелец, гласный думы, помещик, владелец химического завода, председатель съезда химических фабрикантов, директор акционерного общества по выделке...

— Довольно, довольно! — остановил Патмосова Колычев. — Вижу, что знаете. Так вот дальше.

Патмосов с улыбкою кивнул.

— Вероятно, вы также знаете и моего старшего сына, Михаила?

— Михаила Андреевича? Позвольте? Да! Директор Южного банка и член правления Общества освещения?

— Да, да! Однако у вас тут адрес-календарь, — Колычев указал на лоб.

— Нельзя без этого. И потом, просто развивается память.

— Вы облегчаете мне мою задачу. Видите ли, — заговорил озабоченно Колычев и придвинулся к Патмосову, — меня начинает тревожить этот самый Михаил Андреевич.

Патмосов окаменел. Когда ему приходилось выслушивать подробности дела или исповедь, он овладевал собою настолько, что ни одним движением не выдавал ни своих мыслей, ни своих чувств.

Колычев продолжал, видимо волнуясь.

— Да, тревожит! Тревожит его поведение, его состояние. Стороной я слышал, что он играет очень крупно и несчастливо. У него есть средства. Я не говорю! Играть он может! Но вы знаете — для игры нет богатства. Игра все сожрет, как хорошая печь дрова! И он меня начинает очень тревожить. Очень! Вы понимаете, он не ребенок. Ему уже тридцать восемь лет, и у него взрослые дети. Я ему намекал, но не больше. Говорил со снохою, но та что же может? Вы понимаете, — повторил он в третий раз и встал от волнения, — я боюсь растрат. Боюсь позора. Для него, для меня, для нас!

Он тяжело перевел дух и нервно прошел по комнате. Потом остановился против Патмосова.

— Вот я вверил вам, так сказать, нашу честь. Помогите!

Патмосов помолчал, потом спросил:

— Какой же помощи вы от меня ждете?

— Я ожидал этого вопроса, — сказал Колычев. — Вот какой! Во-первых, вы постараетесь узнать о размерах его проигрыша и степени запутанности его дел. Во-вторых, вы посмотрите за ним. Может, он окружен шулерами. В-третьих, быть может, вы найдете возможность... остановить его... нет, я не то хотел сказать... Предупредить катастрофу, — окончил он почти шепотом и прибавил: — За вознаграждением я не постою. Если потребуются особые расходы, тоже...

Патмосов промолчал, словно не слышал последних слов Колычева. Он сидел теперь опустив голову и полузакрыв глаза. В голове его созревал план исполнения этой задачи, и в то же время он думал о бессонных ночах, которые предстоят ему, и колебался.

Колычев инстинктом заинтересованного проник в мысли Патмосова.

— Именем отца заклинаю вас не отказываться! — воскликнул он.

Здесь произошло что-то странное. Патмосов поднял голову и вдруг увидел словно тень, на мгновение покрывшую Колычева. Патмосов вздрогнул и глухо сказал:

— Мое вмешательство не принесет пользы.

— Но оно мне даст хотя знание! Я вовремя сумею принять крайние меры! Не отказывайтесь!

— Хорошо! — просто ответил Патмосов. — Каким путем мне сноситься с вами?

— Лучше всего телефон, а затем лично. Утром — фабрика, днем — правление и съезд, вечером — дома. Я почти всегда дома. Знаменская, семнадцать.

Патмосов кивнул.

— Итак, вы взялись, — облегченно вздохнул Колычев, протягивая Патмосову руку, — теперь я могу спокойно заниматься своими делами. До свидания!

Патмосов пожал ему руку и проводил его в переднюю.

Когда он вернулся в кабинет, он увидел на столе чек на пятьсот рублей, на предъявителя.

"Отчего томит меня злое предчувствие?" — мелькнуло в голове Патмосова, но он тотчас прогнал эту мысль и подошел к телефону.

— Алло! Барышня, дайте мне номер 27-035! Готово! Благодарю! Алло! Кто говорит? Это ты! Здравствуй, Сеня! Слушай, голубчик, ты мне нужен. Вот что. Узнай немедленно, что говорят про Колычева, Михаила Андреевича. Не забудь имя. Это мне. Запиши! А потом, в каких клубах он играет в карты. Сегодня же утром! Потом приедешь ко мне, к девяти часам, и все расскажешь. Ну, до свиданья!

Он повесил трубку и дал отбой.

III

Семен Сергеевич Пафнутьев был ближайшим помощником Патмосова, помощником, в способности которого Патмосов сильно верил и на которого мог положиться, знал, что он не продаст и не предаст.

К вечернему чаю, как раз к тому времени, когда просыпался Патмосов после послеобеденного сна, Пафнутьев уже сидел в столовой и занимал веселой болтовней всех сидящих за чайным столом.

Хозяин тотчас увел его к себе в кабинет.

— Многого сказать не могу. Начну с конца, — сказал Пафнутьев. — Колычев играет везде, но главным образом в железнодорожном и купеческом. У вас есть туда вход?

— У меня вход всюду.

— А то бы я мог достать... Играет и в "Петровском", понятно, за золотым. И везде несчастливо. Проигрывает помногу. Один раз прометал двенадцать тысяч. Я тогда выиграл тысячи полторы... Говорят, он добрый семьянин. Говорят, отличный начальник, которого все любят. Говорят, что проиграл он очень много, и теперь дела его позапутались. Но это все уже надо узнать подробнее от служащих. На это время надо...

— Даю тебе сроку три дня, — сказал Патмосов.

— Отлично! И, наконец, он сегодня играет в железнодорожном! Вот и все!

Пафнутьев принялся за чай.

— Немного, а все-таки спасибо! — сказал Патмосов. — Теперь слушай. Сегодня был у меня его отец...

И Патмосов рассказал все об этом посещении, о просьбе отца и о своем согласии.

— Ты мой помощник. На этот раз твое порочное увлечение картами пригодилось. Надеюсь, никто не знает о твоем занятии?

— Что вы? Разве я дурачок?

— То-то! Сегодня мы поедем вместе, ты укажешь мне Колычева и будешь моим чичероне!

— Превосходно! Но вас-то знает пол-Петербурга!

— Милый! Для этого есть грим и накладные волосы. Я буду крымским помещиком, собирающимся торговать сушеными фруктами, Яковом Павловичем Абрамовым. Запомни! У меня есть такие визитные карточки.

Патмосов прошел в свою уборную, где, открыв электричество, сел к туалетному столу и стал раскладывать все принадлежности и приспособления для грима.

— Чувствую, чувствую, что бесполезен, а отказать не мог, — бормотал он вполголоса, наводя себе брови и делая морщины...

IV

Был двенадцатый час ночи, когда Пафнутьев с крымским помещиком, Абрамовым, входил в подъезд железнодорожного клуба, где в то время велась едва ли не самая крупная игра.

Характерная черта в хронике клубов: крупная игра переходит из одного клуба в другой, как заразная болезнь, как чума. Вдруг объявится в одном, и туда почему-то устремится и крупный, и мелкий игрок, а другие клубы на время обращаются в места пустынные. Потом, так же вдруг, в этом клубе игра упадает, игроки исчезают и появляются в другом клубе.

Только купеческий клуб держится в этом отношении неизменно, и игра в нем всегда крупная и ровная.

Пафнутьев и Абрамов сбросили шубы в швейцарской и направились в игорные залы.

Самый опытный наблюдатель не приметил бы на лице Абрамова следов грима, и близкий знакомый Патмосова не узнал бы его в этом господине с круглым брюшком, с седоватой бородкой, лихо закрученными усами, манерами отставного гусара и громким смехом.

— В прежнее время в банчишко резался, а этой игры не знаю, — громко говорил он, проходя маленькую комнату с мягкими диванами, на одном из которых уже спал проигравшийся и с горя напившийся игрок.

Игра была в полном разгаре.

В большом зале и двух малых толпились игроки, то переходя от стола к столу, то облепив какой-нибудь стол, как мухи кусок сахара, то присаживаясь к столам, за которыми сидели те, которые метали банк, давали ответ и являлись центрами игры.

Бродившими были "мазчики", в большинстве или проигравшиеся уже, или имеющие очень маленькие деньги, хотя между ними встречаются и крупные игроки, признающие только понт.

У Патмосова в первое мгновение закружилась голова. Яркий свет сотен электрических ламп тускнел в облаках табачного дыма, который ел глаза и от которого першило в горле. Люди в отдалении казались тенями. Все смешивалось в общую кучу, и в этой атмосфере стоял непрерывный гул, который прорезывали отдельные, то хриплые, то звонкие, возгласы.

— Прием на первую! — кричали с одной стороны. — Двенадцать рублей, восемь рублей...

— Я покрыл!

— Банк покрыт!

— Ответ! — неслось с другой стороны. — Делайте игру!

— Комплект! Два куша!

А карточники ходили от стола к столу и, покрывая общий шум, кричали:

— Место! Место свободное! Новый стол!

И в общем шуме смеха, крика, говора, грохота стульев и шарканья ног, как отдаленная мелодия, слышался звон серебра и золота.

— Ну, руководи! — сказал Патмосов Пафнутьеву. — Прежде всего, где этот Колычев?

— Вот он, — шепнул Пафнутьев, показывая на стол.

Изящно одетый в темный пиджак, с изумрудным перстнем на левой руке, с сигарой в дорогом мундштуке, он производил впечатление джентльмена.

Физиономия его сразу располагала в свою пользу. Широкий лоб, черные, густые брови, под ними светлые, умные, серые глаза, ровный нос, полные губы, русая бородка и матовый цвет лица.

Играл он с благородным спокойствием, ничем не выражая досады на проигрыш, хотя, видимо, проигрывал, судя по тому, что каждый раз вынимал деньги из-под большого серебряного портсигара, ставил их на стол и не получал назад.

Патмосов стал разглядывать других игроков.

Очередь метать дошла до Колычева. Он что-то сказал своему соседу, и тот, мгновенно оживившись, закричал:

— Ответ!

Вероятно, все знали метку Колычева, потому что у стола тотчас поднялась давка. Через плечо и голову Патмосова потянулись руки с деньгами. Кто-то попросил его поставить на крылья, кто-то в круг.

Патмосов, чтобы не казаться праздным зрителем, следом за другими бросил в круг три рубля.

Он уже понял, в чем состоит игра экарте, в которую тогда везде играли, и сразу усвоил систему ставок и расчетов.

Стол моментально покрылся деньгами.

Сосед приподнялся, чтобы сосчитать сумму ставок, но Колычев с небрежной улыбкой остановил его и сдал карты.

Два козыря; туз; король с десяткой, — и у Колычева всего двойка.

— Комплект!

За плечом Патмосова весело засмеялись.

— Две недели уже так!

— На его метке только и поправляюсь!

— Вчера, в купеческом, я на нем с трех рублей четыреста сделал! — услыхал Патмосов голоса.

— Господа, берите деньги!

Патмосов получил три рубля выигрыша.

— Делайте игру!

Он оставил на столе шесть рублей и опять выиграл.

Колычев вынул бумажник и достал из него две бумажки по пятьсот рублей.

— Делайте игру! — раздался снова возглас после расчета, и Патмосов бросил все двенадцать рублей.

— Два куша!

Колычев бросил карты и снова полез в бумажник.

— Сделайте карты! — попросил он визави, и лицо его было по-прежнему спокойно и мило, только улыбка сошла с полных губ.

И опять:

— Сделайте игру!

Комплект, два куша, куш и опять комплект!

Патмосову стало совестно. Его три рубля обратились уже в сто двадцать рублей, а Колычев продолжал раздавать и раздавать. Патмосов перестал играть.

Наконец, Колычев проиграл снова, удар, полез в бумажник, вынул из него две бумажки по двадцать пять рублей, полез в кошелек, достал из него на сто рублей золота; пошарил по карманам, набрал еще тридцать рублей и позвал карточника.

— Принеси из кассы тысячу, — сказал он и бросил карты.

— Не везет! — сказал ему отставной генерал.

— Две недели. Больше! — ответил Колычев.

Карточник принес деньги.

Колычев рассчитался, положил в карман оставшиеся деньги и встал.

— Довольно! — и он пошел от стола.

Патмосов тотчас двинулся следом за ним, с рассеянным видом смотря по сторонам.

Вдруг он насторожился. К Колычеву подошел франтоватый господин и, поздоровавшись с ним, спросил:

— Вы куда? Домой?

— Домой, — ответил Колычев.

— Поедем в ресторан. У меня есть к вам серьезное дело.

— Ночью, в ресторан?

— Такое дело везде обделать можно! — смеясь, ответил тип.

— Что же, поедем! — согласился Колычев. — Куда?

Подошедший назвал лучший ресторан, и они направились к выходу.

Патмосов оглянулся. К нему тотчас подоспел Пафнутьев.

— Ужинать?

— Ужинай ты один. Я уеду. Разузнай же побольше о Колычеве, буду ждать, а теперь мне надо!

Он кивнул удивленному Пафнутьеву и быстро прошел в прихожую.

Выйдя на улицу, он тотчас сел в сани и велел гнать в названный ресторан.

Лихач пронес его по Невскому стрелою.

Патмосов сбросил шубу, поднялся наверх и прямо к управляющему.

Тот почтительно пригнулся.

— Не узнал, — засмеялся Патмосов и тихо сказал: — Это я, Патмосов!

Управляющий откачнулся с изумлением, а потом расцвел:

— Уж и искусник вы, Алексей Романович!

— Дело у меня. Вот что, дорогой! Я займу у вас тот кабинет, знаете?

Управляющий кивнул.

— А вы, как войдет сюда Колычев с одним господином... Знаете Колычева?

— Михаила Андреевича? Как же-с!

— Ну, так вы их в соседнем устройте. Поняли?

— Отлично, понял, будьте покойны.

— Так я иду!

Патмосов расположился в знакомом ему кабинете, из

которого можно было наблюдать, что делается в соседнем, и спросил себе ужин.

Почти следом за ним соседний кабинет занял Колычев с своим знакомым.

Официант подал Патмосову ужин и скрылся.

Патмосов осторожно отодвинул известную только ему заслонку в стене и пристроился к ней.

Через нее нельзя было видеть сидящих в кабинете, но слышно было каждое слово.

Знакомый Колычева рассказывал анекдоты и острил.

Колычев жаловался на свой проигрыш и несчастье в игре.

— Было время, когда вы били! Теперь — вас! Ха-ха-ха! Закон возмездия!

— Но слишком жестоко, Владислав Казимирович! — ответил Колычев.

Наступило молчание. Вошел официант, что-то поставил, что-то принял.

— Больше тебя не нужно! — раздался голос того, кого Колычев называл Владиславом Казимировичем.

Патмосов услышал легкий звон стаканов, слова "за ваше здоровье", чоканье. И потом голос Владислава Казимировича вдруг превратился в сухой и резкий.

Патмосов весь обратился в слух, чувствуя, что сейчас он услышит самое для него интересное.

V

— Вот что, дорогой Михаил Андреевич, — раздавался голос Владислава Казимировича, — вы проигрались и запутались. Не спорьте, не спорьте! Я все знаю. Я знаю, что если бы вникнуть в ваши счеты с Южным банком... Ну, не буду, не буду! Молчу...

На мгновение наступило молчание, снова стукнулись стаканы, и опять тот же голос сказал:

— Так вот, я хотел предложить вам быстро поправить ваши дела.

— Как? — спросил Колычев.

— Игрою! — уверенно ответил Владислав Казимирович.

— Не понимаю!

— Очень просто. Я беседую с вами не от себя, а, так сказать, от товарищества на вере. Ха-ха-ха! Рассчитывая на вашу порядочность и скромность. Да-с! Мы играем без проигрыша. Хотите быть с нами заодно?

— Шул... — послышался голос Колычева, тотчас заглушённый другим голосом.

— Шулер, хотите сказать. Пусть! Чем тут возмущаться? Дураки испытывают счастье. Мы — искусство. Счастье вам изменило; искусство нас не подведет. Никогда!

Наступило снова молчание.

Патмосов слышал тяжелое, прерывистое дыханье Колычева, потом крупные глотки из стакана, стук резко поставленного стакана, и, наконец, Колычев произнес:

— В чем же выразится мое участие?

— Пустое! — послышался оживившийся голос Владислава Казимировича. — Вы будете только метать. Держать ответ, как всегда. И только!

— Своими картами?

— Не ваше дело! Вы будете брать карты со стола. Будьте покойны. Ведь мы знаем, с кем будем вести компанию!

— Все же я хочу знать, в чем моя роль и в чем тут дело.

Послышался вздох, смешок и затем голос:

— Ну, извольте! Вы берете карты. Мы сидим подле вас, стоим вокруг вашего стула. Вы закрыты. Вы сдаете три карты, а затем кладете колоду, подымаетесь! Заметьте! Так! И считаете удар. Потом садитесь и мечите. Больше ничего не нужно! Следующие удары вы можете не считать. Все готово! У вас уже другие карты, и вы всех — чик! чик! Ха-ха-ха! И пока вы с нами, мы даем вас с выигрыша ровно половину! А?

Патмосов замер, ожидая ответа Колычева, но тот молчал, и снова раздался голос его искусителя:

— У нас, видите ли, сейчас нет банкомета. То есть лица, внушающего уважение. Был Свищев, но на него стали коситься. Да! И мы остановились на вас. Не согласитесь, не надо. Мы найдем! Но вы без нас, Михаил Андреевич, не поправитесь. На счастье отыграться трудно. Ой трудно! А ваши дела...

Снова наступило молчание, звон бутылки о край стакана, стук поставленного стакана и тревожный голос искусителя:

— Так как же-с?

— Я согласен! — едва донеслось до слуха Патмосова.

— Я это знал! — радостно воскликнул Владислав Казимирович. — Вы умный человек! Смотрите, как вы скоро отыграетесь. Какой! Снова наиграете! Так наш? Руку! Ну, ну, не морщитесь! Мы хорошие люди, ей-Богу! Еще бутылочку!

Зазвенел звонок, дверь открылась.

— Заморозить еще одну головку!

Патмосов закрыл отдушину, позвал человека, расплатился и вышел.

— Довольны, Алексей Романович? — спросил его управляющий.

— Очень хороший ужин. Хороший у вас повар, — добродушно ответил Патмосов и спустился с лестницы

Он вернулся домой в подавленном настроении и, улегшись в постель, не мог избавиться от этого настроения и долго ворочался с боку на бок.

Что он скажет отцу этого несчастного человека? Как он должен поступить, проникнув в тайны шулерской компании. Вправе ли он скрывать эту тайну, быть соучастником, потому что среди них есть несчастный порядочный человек? Все эти мысли не давали ему покоя.

Послышался благовест к ранней обедне, а Патмосов еще не принял никакого решения.

VI

Было уже десять часов, когда проснулся Патмосов, и едва открыл глаза, как тотчас принял определенное решение относительно дела Колычева.

Это было решение ума и сердца, и Патмосов сразу почувствовал облегчение, словно он сбросил с себя тяжесть.

Он быстро встал, умылся, наскоро выпил чай и вышел из дому.

— За Нарвскую заставу! — приказал он извозчику, садясь в сани без торгу.

Колычев-отец сидел в своем кабинете на химическом заводе и делал расчет с химиком и управляющим, готовясь открыть при заводе отделение для фабрикации красок, когда ему подали карточку Патмосова.

— Проси! — приказал он сторожу и обратился к своим служащим: — Вы, господа, уж извините меня. Расчет отложим до завтра. Это очень нужный мне господин.

Патмосов уже входил в кабинет с торжественной серьезностью на лице.

Химик и управляющий собрали бумаги и, пожав руку хозяину, вышли.

Колычев быстро пошел навстречу Патмосову, с тревогою всматриваясь в его лицо.

— Здравствуйте, уважаемый Алексей Романович! Большой конец сделали, и в такой мороз! Вы бы по телефону!

— Не нашел возможным, — ответил Патмосов.

— Что-нибудь особенное? Вы его видели? Узнали? — с тревогою спросил Колычев и спохватился: — Что ж мы стоим! Садитесь, пожалуйста. Вот и папиросы!

Они сели у стола друг против друга.

Патмосов вынул из кармана бумажник, достал оттуда полученный им чек на пятьсот рублей и положил его на стол, подвинув к Колычеву.

Колычев с изумлением отшатнулся.

— Что это значит, Алексей Романович? — спросил он.

— Простите, — тихо сказал Патмосов, — сейчас я не могу взять на себя вашего дела.

— Почему? — с изумлением воскликнул Колычев. Патмосов с минуту молчал, потом ответил:

— Я не хочу объяснять вам причин, уважаемый Андрей Федорович, но сейчас мне кажется, что я даже не нужен. И вообще в этом деле лишний.

— Но без вас я слепой!

— Мое зрячество причинило бы вам больше горя и ни от чего не спасло бы вашего сына.

— Он разорен? — обреченно допытывался Колычев. — Растратил?

— Вероятно, — ответил Патмосов, — хотя сейчас не могу сказать вам точно. Но могу сказать, что он теперь поправится.

— Я ничего не понимаю, — растерянно сказал Колычев, — слышу только, что вы отступаетесь, и чувствую, что-то скрывается тут.

Патмосову стало тяжело видеть скорбь отца и честного человека.

Он быстро встал.

— Могу обещать вам одно, — твердо сказал он, — что я не оставлю вашего сына в минуту опасности. Теперь же не нужен. Вреден даже, — прибавил он с улыбкою и протянул Колычеву руку.

— Я в отчаянии и не знаю, что думать, — глухо сказал Колычев.

— Вы ведь не можете насильно вырвать его из Петербурга и отправить, например, за границу?

— Нет!

— Оставьте это дело своему течению. Он поправит, а тогда... тогда заставьте его уехать. Патмосов пожал Колычеву руку и быстро вышел. Колычев взглянул на чек, оставленный Патмосовым, и тяжело вздохнул.

Какая гроза собирается на его голову?..

Патмосов возвращался домой и думал, что иначе поступить он не мог.

Донести, но о чем? Факта налицо нет, и нельзя Колычева с его именем выгнать из клуба.

Поймать? Но он слишком опытен и знает, что один он не в силах обличить шайку и поймать на месте преступления.

Самое лучшее — отойти и наблюдать издали.

Если он что-нибудь понимает, то для него несомненно, что Колычев быстро порвет сношения с этими мазуриками.

Вот тогда и спасать его.

А теперь — в сторону.

Он приехал домой.

— Вас ждут два господина, — сказала ему горничная.

Патмосов прошел в кабинет и приказал просить посетителей, которые ждали его в гостиной.

Патмосов беседовал с ними часа два, потом уехал с ними и вернулся домой только вечером.

Несмотря на усталость, он был весел.

Ему предложили крайне интересное дело, за которое он взялся с увлечением и которое отвлекало его от мыслей о Колычеве.

VII

В этот день Пафнутьев не видал Патмосова и на другой день приехал к обеду с коробкой конфет и кучею новостей.

Дружная семья села за стол, и никто бы не подумал, видя за столом Патмосова, что этот добродушный господин, отец, с которым так легко и свободно все шутят и разговаривают, — гроза темного Петербурга, воров, мошенников и убийц.

Обед кончился. Патмосов увлек Пафнутьева в свой кабинет и, когда горничная подала им кофе, запер за ней дверь и сказал:

— Ну, что? Колычев вчера выиграл?

— Вы откуда знаете? — удивился Пафнутьев. — Колоссально! Опять в железнодорожном! Все ждали раздачи и валили деньги, а он бил и бил! На мой взгляд, он вчера унес тысяч двадцать. Бил, как хотел, и что особенно умно с его стороны, так то, что он бросил игру, прометавши талию, и уехал!

— В чем же тут ум?

— Как в чем? На второй мог отдать все назад и своих прибавить!

Патмосов понял и кивнул.

— Скажи мне, посещая клуб, ты все-таки делаешь что-нибудь — следишь?

Пафнутьев засмеялся.

— А то как же иначе! — ответил он. — Это уже само собою. Я, к примеру сказать, знаю все игрецкие плутни, все мошеннические приемы, многие шулерские и, наконец, почти всех шулеров в лицо знаю.

— Владислава Казимировича знаешь?

— Это Калиновского? Как же! Но какой же он, Алексей Романович, шулер! Смелый игрок, и только!

Патмосов засмеялся.

— Так, так. Это видно, что ты всех шулеров знаешь. А Свищева?

— Не понимаю! — обидчиво пожал плечами Пафнутьев. — Вы это нарочно. Крупный коммерсант...

— Чем торгует?

— То есть он больше по комиссиям, — замялся Пафнутьев.

— Так! Ну, а кого же ты знаешь?

— Бадейникова! Вот это шулер!

Патмосов засмеялся.

— Милый, да ты такого знаешь, которого даже уличные мальчишки знают! Это тот, которого судили по подозрению в грабеже и убийстве?

— Да, он самый!

— Ну, знания! Да ведь тогда на суде выяснилось, что он за гусь! Ха-ха-ха!

Пафнутьев смутился.

— Ну, вот что, — серьезно сказал ему Патмосов, — сегодня опять поезжай в клуб и скажи, как играл Колычев, а за

18

Свищевым и этим Калиновским последи внимательно и запомни, с кем они дружат, шепчутся. Понял?

— Понял, — сказал Пафнутьев и растерянно прибавил: — Да неужели они...

— Самые настоящие, мой милый! — сказал Патмосов. — А теперь иди к дамам. Я спать буду!...

VIII

У Патмосова явилось новое дело, которому он отдался всей душой. Он теперь пропадал по целым дням и то и дело уезжал из Петербурга.

Но Колычева он не выпускал из виду ни на один вечер.

За его игрою следил Пафнутьев и давал Патмосову подробные отчеты.

Патмосов слушал, бранил и хвалил Пафнутьева, наставлял его в дальнейшем и на вопросы, что он хочет делать и чего ждет, обыкновенно отвечал:

— Когда наступит момент, я возьмусь за дело. А теперь подождем!

В следующий раз, как и в первый, Пафнутьев приехал к Патмосову озабоченный и сказал:

— Колычев опять всех обыграл!

— Где и как?

— Теперь в купеческом. Бил целую талию, потом бросил и уехал. Тысяч четырнадцать набил!

— Ну, а за теми смотрел?

— Смотрел, но что же? Они оба были, и Свищев, и Калиновский, но вели себя безукоризненно. Свищев, когда уехал Колычев, проиграл тысячи две.

— Они сидели за столом, когда метал Колычев?

— Подле него!

— Ставили?

— Не заметил. Впрочем, Калиновский говорил потом, что проигрался в его метке.

— Говорил! Ох, Сеня, Сеня! Сколько времени тебя учить, что все видеть и слышать самому надо! Сегодня поедешь, и завтра, и послезавтра, — только следи за ними. Понял?

Пафнутьев молча кивнул, а потом не выдержал:

— Вы здесь сидите, а я все время играю, и вы не верите, что это вполне порядочные люди.

— Дурак ты, Сеня! — просто сказал Патмосов.

Прошло три дня, и Пафнутьев восторженно сказал Патмосову:

— Вы правы! Они оба очень подозрительны. За игрою Колычева они ничего не ставят, а только говорят, что проиграли.

Патмосов кивнул.

— Вчера на улице я видел их с Бадейниковым. Они о чем-то говорили очень оживленно.

— Ну, ну! А с Колычевым?

— Незнакомы!

Патмосов улыбнулся.

— Теперь вот что, друг! Как только Колычев выиграет и поедет из клуба, последи за ним. Понял?

Пафнутьев уже ничего не возражал и на другой день приехал взволнованный.

— Вы словно через стены видите!

— А что?

— Я вчера поехал за Колычевым, он опять выиграл. Днем в купеческом, вечером в железнодорожном. Ну, поехал за ним, а он в "Ярославец"! Я туда. Он сел в зале, а потом, я смотрю, явился Калиновский. Они поздоровались и прошли в кабинет.

— Ну, ну! Теперь начинаешь понимать?

— Да! Что-то есть между ними. Неужели Колычев...

— То-то! А какой он теперь по виду?

— Совсем другой. Раньше он проигрывал, но был ровен, улыбался, иногда был веселый и всегда милый. А теперь — нервный, угрюмый, осунулся. Совсем другой!

Патмосов вздохнул.

— Нелегко это порядочному человеку.

— Что прикажете дальше делать?

— Дальше? — Патмосов помолчал и потом сказал: — Следи за ним до той поры, пока он из клуба не поедет прямо домой. Как это выследишь, сейчас же мне сообщи. Немедля!

— А если вы в отъезде?

— Ты всегда знаешь, куда я еду. Телеграфируй тотчас!

— А если что особое увижу?

— Ну, это до личного свидания отложишь!

Пафнутьев уехал, и Патмосов снова отдался своему новому делу, на время забыв о Колычеве.

Но через три дня Пафнутьев приехал к нему не в обычный час.

— Много необыкновенного!

— Ну? Они рассорились?

Пафнутьев опять удивился.

— Да! Но откуда вы все это знаете?

— Милый, этого надо было ждать, и только за этим я и поручил тебе следить.

— Да, да! Видимо, рассорились!

— Что же ты видел?

— Третьего дня, вечером, я увидел его в купеческом. Он метал и всех бил.

— Ну?

— А за столом не было ни Калиновского, ни Свищева, ни Бадейникова. Он был один!... Наметал тысяч восемь и встал. Я за ним. Было уже двенадцать часов. Он только что вышел, как к подъезду подкатил Калиновский и прямо к нему. Они отошли, а я будто галошу уронил. Ищу и слышу. Калиновский сразу ему: "Ты, значит, без нас играл, как ты смел!" А он: "Я за свое счастье сыграть хотел". Калиновский снова: "Мы тебе в собранье назначили!" — "А я не захотел". — "Едем теперь!" Колычев сначала не хотел, потом поехал. Патмосов заинтересовался.

— Это третьего дня было? Так! Ну, а вчера?

— Вчера я был в железнодорожном. Смотрю, они все, а Колычева нет. Я и стал за ними следить. Вижу, волнуются. Пришли в буфет и заняли столик. Я занял рядом. Всего нельзя слышать, но обрывки доносятся. Калиновский сказал: "Он опять где-нибудь за себя играет". — "Теперь его не удержать", — сказал Бадейников. Они совсем стали говорить шепотом. Потом Свищев вскочил и направился к выходу. "В купеческий!" — крикнул ему Калиновский. Я ушел, вернулся, они все сидели. Я занял комнату, через которую надо идти в буфет, и взял газету. Почти с час просидел. Вдруг идет Свищев, один и совсем расстроенный. Взошел в буфет, а оттуда они все уже трое. Я совсем спрятался. Они приостановились, и Калиновский сказал: "Изменил негодяй!" — "Тем хуже ему!" — сказал Бадейников, да так, что мне стало страшно.

Патмосов кивнул и решительно встал с дивана.

— Спасибо тебе! Ну, теперь мне надо действовать. Будем спасать его!

IX

На далеких Пороховых, среди крошечных домиков обывателей, стоит хорошенький серый домик с мезонином и балкончиком, с садиком и верандой, некоего Аникова, Ефрема Степановича, прогоревшего помещика, как его называют соседи.

В домике этом живет он один со своей служанкой, рябой Авдотьей, бабой лет тридцати двух, лихой и бойкой.

На какие средства живет этот Аников, никто не знает, и все думают, что он доживает последние остатки от своего благополучия.

Но живет он прилично и независимо, в некотором роде изображая барина среди окружающей его бедноты.

Едет он в город и из города всегда с целыми корзинками всякого добра. Нередко к нему приезжают господа, большею частью статские, и, видимо, по делам, так как бывают у него не больше часа, двух.

Живет Аников замкнуто, и те, которые изредка, посещают

его, говорят, что у него есть комната всегда на запоре, куда даже не заглядывает его Авдотья.

Вообще Аников на Пороховых окружен некоторой таинственностью, хотя внешностью своей не представляет ничего примечательного.

Сухой, высокого роста, с длинной черной бородой, тронутой сединой, с лысой головой и мелкими, плутоватыми чертами лица, он ничем не выделяется из толпы и кажется самым ординарным человеком, а между тем этот Аников — человек в некотором роде исключительный, и таланты его не из обыкновенных.

Было часа три, обеденное время на Пороховых, когда к дому Аникова подъехал Патмосов и позвонил у его двери.

Рябая Авдотья открыла двери и впустила Патмосова в жарко натопленную прихожую.

— Барин дома?

Авдотья, вероятно предупрежденная, тотчас ответила: "Пожалуйте, ждут!" — и приготовилась помочь Патмосову снять шубу, когда на пороге показался сам хозяин и радушно сказал:

— Жду, жду! Собирался ехать, но получил письмо и остался ради дорогого гостя! Милости просим!

— Ну, что, совсем бросил?

— Совсем. Теперь помогаю только.

— Фабрика? — усмехнулся Патмосов.

Аников засмеялся.

— Именно. Пожалуйте ко мне. Я вам пуншику приготовил. С холоду это превосходно! — и Аников провел его по маленькому коридорчику, толкнул дверь и ввел в большую, жарко натопленную, светлую комнату с окном, устроенным под самым потолком.

— Это чтобы не подглядывали, — сказал он. Патмосов стал с любопытством осматриваться.

В комнате стоял широкий диван, два кресла и стол между ними, за которым теперь Аников хлопотал с пуншем. В углу стоял шкаф вроде буфета, а по двум стенкам большие сосновые столы, на которых грудами были навалены игральные карты без бандероли и в бандероли, а тут же рядом и самые бандероли, искусно вскрытые.

— И впрямь у тебя тут фабрика, — сказал Патмосов.

— Живу с этого! — вздохнул Аников. — Пожалуйте!

— Ну, покажи мне все! — сказал ему Патмосов.

Аников оживился.

— Для вас с удовольствием! Вот извольте видеть, — он подошел к столу и взял пачку карт, — это для подбора колоды. Здесь у меня ровно три дюжины колод вскрыто. Все одного крапа. Видите? Вот из них-то я и подбираю.

— Как?

— Принцип один. По крапу. Извольте видеть, здесь крап звездочками. Смотрите на уголки. Вот на уголке одна звездочка, а вот две, а вот три, четыре, а вот одна и половинка. Поняли?

— Пока ничего!

— А очень просто. Здесь у меня три дюжины карт, то есть тридцать шесть в колоде. Это собственно для экарте готовятся и для макао. Теперь, изволите видеть, для экарте что нужно? Одна масть! Так? Я вот и подбираю. Пусть у всех червей будет одна звездочка в уголку, а бубен — две, у трефей — три, а у пик - одна и половинка. Хорошо-с! Сажусь, делю все карты по мастям и начинаю просматривать крап, просматривать и откладывать. Вот и все. Вы приехали. Вам нужно для экарте. Пожалуйте, вот колода и ключ к ней! Хе-хе-хе!

— А для макао?

— Там я жир мечу и девятки с восьмерками. Те еще легче. Жир, положим, звездочка в уголке, девятка — две, а восьмерка — три!

— И дорого платят?

— Дешевле как за пятьдесят рублей нет. Судите сами, одни карты мне с извозчиком двадцать рублей стоят, а из них много, если три колоды сделаешь. Да забота. В день талию сделаешь, да и будет! А для банка так я по триста рублей беру. Помилуйте! Там каждая карта отмечена. Для такой колоды я по восемь дюжин порчу, а работаю иной раз недели по две! Только теперь мало их спрашивают, — вздохнул он, — делаю из любви больше! Вот, не угодно ли поглядеть! — он подбежал к шкафу-буфету, отпер и распахнул одну дверцу. — Вот мой товар!

В шкафу на трех полках лежали запечатанные в бандероль карты, и под каждой колодой видна была записка.

— Талии и ключ к ним! На всякую игру!

— Химик! — усмехнулся Патмосов. — Ну, теперь помогай мне!

Лицо Аникова приняло выражение деловитой внимательности, отчего сморщилось, словно он собирался чихнуть.

— Видишь, ты мне открыл свою фабрику — поверил! И я тебе поверю.

Патмосов подробно рассказал ему историю Колычева. Аников слушал, кивал и вставлял свои замечания.

— Очень просто. Они ему только подменяли! Свищева знаю и Калиновского! Кто ж Бадейникова не знает!... Так...

Патмосов окончил и спросил:

— Что же ты думаешь? Как они ему отомстить могут?

— По-всякому, Алексей Романович! К примеру скажем, подложат ему талию, да сами и обличат его. В карман ему могут карты засунуть. Мало ли как! По-моему, ему теперь вовсе карты оставить надо. С огнем играть будет!

Патмосов задумался.

— Я помогу ему!

Аников улыбнулся.

— Простите, Алексей Романович, только вы ему тут не в помощь. Можете вы их накрыть, обличить и прочая. А как вы им помешаете его опорочить, не пойму! Нет, пусть он вовсе бросит дело или помирится с ними!

— Ну, хорошо, — нетерпеливо перебил его Патмосов, — теперь ты мне вот в чем помоги. Сведи меня с этим Свищевым и прочими.

— То есть как это?

— Извести, что я, ну, хоть московский шулер, одесский, что ли, и хочу в их компанию.

— Да ведь вас в лицо знают, кто вы такие!

— Эх! А еще умный, — засмеялся Патмосов, — ты ведь меня знал, а целый вечер за графа Косовского принимал.

Аников тоже засмеялся и махнул рукою.

— И то поглупел! Что же, я это могу. Я письмо напишу, а вы им его передайте.

Он тотчас сел к столу, достал бумагу и взял перо.

— Как вас назвать-то?

— Яков Павлович Абрамов, крымский помещик!...

— Так и напишем! — и он стал писать, диктуя себе письмо вслух. — "Никаша или Поляк, вот рекомендую вам в компанию дельного человека. Называет себя Яковом Павловичем Абрамовым, имеет деньги и все знает, я с ним двадцать лет назад в Москве работал, а теперь он ко мне заявился, а я его к вам. Фабрикант с Пороховых"... Вот! Готово! А в случае, ежели откроетесь, так я скажу, что не вам письмо дал, а вы его, значит, похитили.

— Говори, что хочешь! — засмеялся Патмосов, беря от Аникова письмо. — Ну, спасибо тебе! Услуга за мной!

— Помилуйте! Что вы мне тогда сделали, я вовек не забуду! — сказал с чувством Аников.

Патмосов простился с ним и поехал домой, по дороге думая о катастрофе, которая может разразиться над Колычевым.

X

"Товарищество на паях", как назвал свою компанию Калиновский, совершенно растерялось, обозлилось и испугалось.

Колычев им изменил.

Это факт.

Сначала он стал играть потихоньку от них за свое счастье.

Они назначали игру в купеческом, он ехал в

железнодорожный; они — в железнодорожном, он ехал в купеческий. И главное, ему везло!

Везло, и он объявил им, что больше им не товарищ.

Все к одному! Им было завидно, что ему так повезло, что он уже отыгрался и даже в выигрыше; было беспокойно, что он знает их тайну и их всех, и, наконец, самое главное, что они потеряли такого банкомета.

С деньгами, положением, пользующегося общим уважением.

Где найти такого еще!

Они сидели в клубном буфете, вполголоса обсуждая свое положение, когда к их столу подошел полный господин с седою бородкою, лихо закрученными усами и спросил:

— Кто, господа, из вас Свищев, кто Калиновский?

— Я! Я! — отозвались оба.

— Так вот вам от моего приятеля. Я здесь посижу! — он подал письмо, указал на свой столик в углу буфетной, отошел к нему, заказал себе кофе и стал наблюдать.

Три головы склонились над письмом, которое вскрыл и читал Свищев. Потом все трое оглянулись на этого господина и опять, сдвинув головы, стали негромко говорить, потом Калиновский встал и решительным шагом направился к этому господину.

Патмосов встал ему навстречу и протянул руку.

Калиновский горячо пожал ее, сел к столику и сразу начал:

— Нечего и говорить, вы наш! Приняты единогласно! Ха-ха-ха! Пойдемте знакомиться!

Патмосов встал и под руку с Калиновским подошел к столу, где сидели Свищев и Бадейников.

— Рекомендую, крымский помещик Яков Павлович Абрамов! Прошу любить и жаловать!

Все радушно пожали ему руку и приветствовали как нового товарища.

— Давно к нам пожаловали? Откуда?

— Так слонялся, — ответил Патмосов, — был в Москве. Игра большая, но никого не знаю. Попробовал на счастье и продулся.

27

— Нам на счастье нельзя играть. Мы от него отказались сами, — суеверно заметил Свищев.

— Это вы совершенно верно заметили, — сказал Патмосов и беспечно продолжал: — А приехал сюда с месяц — и вас первыми заприметил.

— Это как?

— А в купеческом один блондин ответ давал, так вы ему талийку!... — и Патмосов сделал выразительный жест.

— Тсс!... — остановил его Свищев.

— Господа! — сказал Бадейников. — Я предлагаю новое знакомство вспрыснуть и для него проехать... ну, хоть в "Ярославец". Там и поговорим!

Патмосов тотчас согласился, и все дружной компанией двинулись к выходу, а через пятнадцать минут уже входили в отдельный кабинет ресторана.

XI

Калиновский распоряжался. Он заказал водку с закуской, а потом ужин и вино.

И он, и его товарищи, видимо, были оживлены, и в лице крымского помещика видели посланную им судьбою помощь.

— Вот вы говорили про того блондина, — сказал Свищев, чокнувшись с Патмосовым, — так мы вам скажем, что обогатили его, честь ему вернули, деньги, а он, мерзавец, после этого и надул!

— Скажите пожалуйста! Украл?

— Нет, этого не удалось, — сказал Калиновский, — просто отказался от компании и за свое счастье играть стал.

— Скажи, за свой страх! — вставил Бадейников.

— Это мы увидим! Я этого так ему не оставлю! Да-с! — и Свищев хлопнул огромной ладонью по столу.

Сам Свищев, огромный, рыжий, с громадной головой на короткой шее, с грубыми руками, пальцы которых были словно обрублены, производил впечатление разбойника с большой дороги.

Калиновский с манерами выхоленного пана, с певучим голосом, плотный красивый мужчина, являлся типичным шулером, и, наконец, Бадейников, дополнявший компанию, производил впечатление альфонса. Жгучий брюнет, вероятно, одессит, невысокого роста, с деликатными манерами, с кукольным лицом, на котором резко, как нарисованные, выделялись усы и брови.

— Что же ты сделаешь, медведь? — засмеялся он.

— Подведу, назову жуликом, в морду дам! — прорычал Свищев.

Патмосову стало страшно за Колычева. Для него было ясно, что этого Свищева можно напоить, потом раздразнить, и он полезет на всякий скандал, как бык на красное.

— Ха-ха-ха! — засмеялся Калиновский. — Друзья, его и подводить не надо. Сам влетит! Вы думаете, счастья надолго? А?

Бадейников с улыбкою кивнул, а Патмосов сказал:

— Известно!

И Калиновский разгорячился.

— Я уверяю вас, — сказал он, перегибаясь через стол, — что этот Колычев под конец именно за свой страх на фокус пустится, и тогда... — Он сделал паузу. — Всем только следить надо!

Он опрокинул в рот рюмку водки.

— Именно! — мягко сказал Бадейников. — Только следить!

Лакей внес ужин. Разговор на время прекратился. Патмосов затронул другую тему.

— А Ефрем Степанович преотлично устроился, — заметил он.

— Еще бы! Чего ему? Сиди и работай, — подтвердил Свищев.

— Единственный у нас. Я думаю, на всю Россию! — сказал Калиновский. — Из Москвы приезжают. Одно слово, артист!

— А хорошо он работал? — спросил Бадейников у Патмосова.

— Умел! — ответил он и стал врать: — Мы с ним в Москве работали, в Нижнем, по Волге, на водах. Главное, штос и стуколка!

Свищев вздохнул.

— Тогда, говорят, дела были. Теперь что! Дрянь! Арапа этого развелось, что блох. Ей-Богу!

Патмосов знал, что "арапом" зовется игрок, приходящий без денег.

— Всегда они были! — сказал он. Бадейников засмеялся.

— А вот мы теперь и с них шерсть снимем!

— Как?

— Хотите с нами в компанию, расскажем! — решительно предложил Калиновский.

— Я для этого и ехал! — сказал Патмосов.

— Руку! — закричал Свищев, протягивая свою лапу. — Вот, Костя, и банкомет! А! — торжествовал он. — Бадейников! Требуй вина. Вспрыснем!

Ужин кончился. Лакей подал вино и кофе. Свищев захмелел и начал шуметь.

— А какое дело? — спросил Патмосов.

— Я клуб открываю, — скромно сказал Бадейников, — нашел уже основателей. Вот вы, здесь есть литератор Пирон...

— Водевили пишет! Тру-ля-ля! Опять, хронику! В "Листке", — вставил Свищев.

— Да! Потом редактор один, Сморчков, и отставной генерал. Откроем, и пойдет наше дело!

— У-ух! Вихрем! — жмурясь, проревел Свищев.

— Так вы наш? — сказал Калиновский. — За дружеский союз! Ура!

Они чокнулись.

— Теперь о деле, — серьезным тоном начал Калиновский, — вы отныне наш банкомет. Вас, понятно, учить нечему. Будете в ровной дележке. Мы откладываем двадцать процентов, а остальное поровну. Завтра начнем!

— Согласен! — сказал Патмосов. — Только не завтра.

— А что?

30

— Одно, завтра — пятница, а я в такой день — ни-ни! Второе, не знаю еще публики. Надо походить, оглядеться.

— Ну, ну! Недельку всегда переждать можно.

— А мы тем временем с тем прохвостом расправимся, — упрямо твердил Свищев. — Попомнит он нас! Да! Это ему так не пройдет. Нет, голубчик! Влетишь!...

У Патмосова от этих слов сжималось сердце.

Завтра же он будет у Колычева!

Ужин окончился. Друзья подхватили пьяного Свищева. Патмосов, пользуясь этим, выскользнул от них и уехал домой.

XII

Пафнутьев приехал утром не столько с докладом, сколько из любопытства.

— Ну, что? — встретил его вопросом Патмосов.

— Опять выиграл и опять был один!

— Играл в железнодорожном?

— Да!

— Много выиграл?

— Теперь уже очень много. Вчера тысяч шесть, да раньше, почти две недели. Какой, больше!

— Я думаю, он отыгрался, — решил Патмосов.

— Наверное! — с убеждением сказал Пафнутьев. Патмосов отказался от завтрака и поехал из дома. Он отправился в Южный банк.

— Михаил Андреевич в правлении? — спросил он.

— Так точно! — ответил швейцар, снимая с него шубу. — Пожалуйте наверх!

Патмосов поднялся во второй этаж и подал курьеру свою карточку.

Через несколько минут он вошел в роскошный кабинет директора Южного банка.

Колычев-сын поднялся к нему навстречу.

Патмосов вгляделся в его бледное, осунувшееся лицо и поразился его болезненному виду.

— Пожалуйста! — Колычев указал Патмосову на кресло, сел сам и придвинул к Патмосову ящик с сигарами.

Патмосов твердо взглянул ему в глаза и решительно приступил к делу:

— Я приехал из личного к вам расположения с просьбою прекратить игру в карты!

Колычев, видимо, не ожидал разговора на подобную тему и в изумлении откинулся.

— Но, позвольте, — начал он с обидною вежливостью, — на каком основании вы...

Патмосов поднял руку, перебивая его:

— Как расположенный к вам человек. У вас семья, отец, у вас положение, незапятнанное имя...

Колычев вдруг покраснел и выпрямился.

— Но позвольте! Я...

Патмосов опять перебил его:

— Вы рискуете потерять все! Потерять честное имя!

Колычев весь напрягся и почти крикнул:

— Никогда!

— А я говорю, можете! — повторил Патмосов. — Вы рисковали уже честью дважды...

Колычев опять хотел перебить Патмосова, но тот остановил его.

— Да! Дважды! — сказал он с ударением. — Вы знаете, про что я говорю...

Колычев побледнел и тревожно взглянул на Патмосова.

— Что я знаю, то знаю только я, — сказал Патмосов и продолжал: — Теперь вы отыгрались, да? Чего же вам больше? Мало вам ваших средств, мало тех испытаний, которые вы пережили?

— Но позвольте! — перебил его наконец Колычев, вздрагивая от волнения и негодования. — Кто вы? На каком основании вы все это мне говорите? Какие права ваши вмешиваться в мои дела и давать мне советы? Что угрожает мне? Почему мне не играть?

— Кто я? Вы, вероятно, не разглядели карточки. Я — Патмосов! Если вы про меня не слыхали, то скажу: я добровольный сыщик. Да! Я немало на своем веку обличил мошенников и не раз спасал честь порядочных людей.

Колычев тяжело дышал.

— Я видел ваш проигрыш и знаю условия, при которых начался ваш отыгрыш! Да!

Колычев невольно потупился.

— Теперь дальше. Вы разорвали с ними, но эти люди не прощают измены. Они считают вас изменником!

— Что они могут мне сделать? — тихо спросил Колычев.

— Все! И я вас предупреждаю, — Патмосов встал, — вы ставите на карту честь свою и своего отца!

— Никто не посмеет посягнуть на мою честь, — гордо заявил Колычев.

— Я сделал все, что мог сделать, — с грустью сказал Патмосов, — вам остается подумать о моих словах!

— Кто вас направил ко мне?

— Что вам до этого? Отчего вы не допускаете простого расположения к вам?

— Благодарю вас, — холодно сказал Колычев, — но вашим советам не последую. Я люблю игру и ее ощущения. Бояться же каких-то негодяев мне не приходится.

— Но вы с ними были вместе! — невольно воскликнул Патмосов.

Колычев вспыхнул, потом побледнел. Он тяжело перевел дух и почти прошептал Патмосову:

— Я искупил это страданиями бессонных ночей!

Патмосов молча поклонился и вышел.

Колычев стоял посреди своего роскошного кабинета, скрестив на груди руки.

XIII

В двенадцать часов ночи Патмосов входил в игорные залы железнодорожного клуба.

Дымный воздух, душная атмосфера, казалось, были насыщены какими-то нервными токами, от которых движения делались порывисты, глаза загорались.

Со всех сторон неслись возгласы:

— Делайте игру! Место! Одно место! Прием на первую! Я занял!

И звенело золото, раздавался смех на одном конце и резкие проклятия — на другом.

Мимо Патмосова прошел Колычев, направляясь к столу. Он не узнал Патмосова в крымском помещике Абрамове и, задев его плечом, извинился.

Карточник уже приготовил для него место.

Патмосов прошел следом за ним и остановился, замешкав.

За столом сидели Калиновский и Бадейников, заняв места между играющими, а Свищев стоял как раз позади стула Колычева.

Колычев, садясь, окинул его презрительным взглядом; Свищев нагло усмехнулся.

Патмосов тронул Свищева за локоть. Тот обернулся, и лицо его расплылось в улыбку.

— А, Яков Павлович! — воскликнул он, ухватив его под руку и увлекая. — Где пропадал? И адреса не сказал! Ах, мошенник! Где живешь?

— Пока у Аникова!

— Фью! У черта на куличках. Ну, ну! Поиграем, гарни займешь. С треском! Мы решили, — он понизил голос, — у тебя игру делать. Иногда... Понимаешь?..

Они вошли в читальню, которая была пуста.

— Да! — сказал Свищев, видимо уже выпивший. — Заведем игру! С тобой можно вести дело, не то что с тем прохвостом!

Он ткнул пальцем на игорный зал.

34

— Сегодня пришли посмотреть на его игру и успокоить его, — шепотом сказал он, — а завтра закатим ему спектакль! Попомнит он нас! Ха-ха-ха!

У Патмосова похолодели руки.

— Где?

— Найдем! Либо здесь, либо в "Петровском", либо в купеческом! Время хватит! Нет, нам изменять нельзя. У нас союз! Верно, Яша, а?

— Как же иначе-то? — машинально сказал Патмосов.

— То-то! Пойдем, выпьем!

— Пойдем!

Патмосов пошел к буфету, страстно желая увидеть Пафнутьева.

Пока они стояли у буфетной стойки, к ним подошел Калиновский.

— А, и ты тут! — поздоровался он с Патмосовым и сказал, обращаясь к Свищеву: — Удивительно везет ему! Все берет по два куша и прямо на счастье. Даже смотреть противно! Костя следит, а я ушел.

— Ну, завтра сорвется! — сказал Свищев, жадно прожевывая бутерброд.

— Пойду посмотрю да рискну красненькой, — проговорил Патмосов и пошел из буфетной.

В игорном зале толпились у стола, где метал Колычев.

Патмосов увидел перед ним груду денег. Он приминал рукою бумажки и насыпал на них рубли, очищая место.

— Делайте игру! — произнес он, готовясь сдать карты.

Патмосов увидел, что Бадейников поставил двадцать пять рублей.

Колычев сдал и убил комплект. Он приподнялся и стал сгребать деньги.

Лицо Бадейникова побледнело и глаза сверкнули ненавистью.

Колычев рассовал деньги по карманам, бросил карты и встал от стола.

В эту минуту Патмосов увидел Пафнутьева и схватил его за локоть.

— Узнай, как хочешь, где играет завтра Колычев, и приезжай за мной так, чтобы мы были в клубе раньше его, — сказал он ему и оттолкнул от себя.

Навстречу шли Свищев с Калиновским и улыбались ему.

XIV

Патмосов не спал всю ночь, волнуясь и мучаясь при мысли о том, что может случиться завтра.

Он всей душой был на стороне этого несчастного безумца и в то же время чувствовал, что здесь случай будет иметь гораздо большее значение, чем его вмешательство.

Вторично предупредить его — бессмысленно. Известить отца — только породить напрасную тревогу.

На одно мгновение у него мелькнула мысль предупредить старшин клуба, но тогда он должен объяснить, почему те готовят Колычеву скандал. Этого он не мог сделать.

И какой скандал? Что они задумали? Как исполнят?

Нет, это первое и последнее дело Патмосова! Не его дело оберегать человека. Его дело — раскрыть преступление, накрыть преступника и передать его в руки властей. А здесь?

И Патмосов чувствовал свое бессилие.

Утром он встал угрюмый и расстроенный.

Он заперся у себя в кабинете и отдался любимому своему занятию: пересмотру архива и составлению записок.

Сколько интересных дел! Какая находчивость! Какая смелость и сообразительность!

После обеда он лег, по обыкновению, отдохнуть и проснулся освеженный, сильный и бодрый, когда в комнату к нему постучался Пафнутьев.

— Ну, где?

— В купеческом, — ответил Пафнутьев — чистая удача! Я пошел за ним следом. Он прошел в столовую и стал считать деньги. К нему подошел его знакомый, и они сговорились быть сегодня в купеческом. Там большая игра будет!

— А час?

— Он, вероятно, около двенадцати будет. Лучше к одиннадцати поспеть, чтобы не проворонить.

— Вот что, Сеня! Будем следить за ними, его беречь. И чуть что, сразу кидаться на них и ловить... Хотя я совершенно не знаю их плана!

— Будем следить! — сказал с жаром Пафнутьев. — Только едем скорее. Уже время!

— Хорошо, хорошо! Я мигом! — сказал Патмосов, скрываясь в своей уборной.

Спустя несколько минут из уборной вышел крымский помещик Яков Павлович Абрамов, а через пятнадцать минут они уже были в клубе.

XV

— Теперь мы каждый сам по себе, — сказал Патмосов, поднимаясь по роскошной лестнице на второй этаж.

Клубный зал уже шумел, как пчелиный улей. Здесь нравы и порядки были все иные. Карточники не выкрикивали дикими голосами приглашение занять место, играющие не кричали "прием на первую!". Вся игра велась в широком масштабе, и самые игроки старались казаться солидными, если таковыми не были.

В этом клубе играют почти исключительно на ответ, а в игру с ограниченным банком садятся играть только самые богатые люди, которые вчетвером ведут многотысячную игру.

Огромный зал от входа направо был полон. Столы тянулись направо всего зала, и вокруг каждого толпились игроки, без умолку говоря, смеясь, ссорясь, отчего в воздухе стоял сплошной гул.

Но главный интерес и самые крупные игроки

сосредоточились у большого стола, налево от входа в зал, "под портретом".

В то время как за другими столами удар не превышал трехсот-четырехсот рублей, за этим большим столом не было удара менее трех-четырех тысяч. За этим столом бывали удары в несколько десятков тысяч, и старожилы помнят феерические выигрыши и проигрыши в сотни тысяч.

Патмосов остановился посредине зала и внимательно огляделся.

Он тотчас увидел Свищева, Калиновского и Бадейникова. Они ходили порознь, время от времени останавливали некоторых игроков и о чем-то говорили с ними.

Патмосову казалось, что они составляют заговор против Колычева.

Бадейников увидел Патмосова и подошел к нему.

— Все еще присматриваешься?

— А что же еще делать? Играть на авоську не намерен. Вот и смотрю!

— Погляди там игру! Крупно играют, — указал Бадейников на большой стол.

Патмосов двинулся к большому столу. За столом сидело восемь человек, и право держать ответ переходило к каждому по очереди.

Вокруг теснились понтирующие.

Патмосов дошел до самых игроков и остановился у одного за спиною. Против себя он увидел Пафнутьева и едва заметно кивнул ему.

Знакомый Патмосову нотариус держал ответ и то бил, то отдавал, причем в первом случае весело смеялся, а во втором краснел и фыркал.

Наконец, он проиграл два раза подряд и с досадою бросил карты.

Кругом засмеялись.

— Кто теперь подержит? — спросил сидящий в очереди. — Я не буду!

— Давайте тогда мне! — раздался голос. Патмосов вздрогнул и увидел подошедшего Колычева.

Он был весел. Бледное лицо его оживляла улыбка.

— А, Михаил Андреевич! — воскликнул, пыхтя, нотариус. — Вот кому и карты в руки!

— Садитесь! — уступил ему место отказавшийся.

Колычев сел и стал собирать карты. Сидящие за столом дружески здоровались с ним и, пока Колычев готовил карты, пересмеивались и болтали.

Патмосов приготовился. Его отделяло от Колычева несколько человек, и он решился во время игры незаметно пробраться до его стула. Пафнутьев стоял напротив, и Патмосов подал ему знак сделать то же. Они двинулись, но с боков Колычева, оказалось, стояли люди, не уступавшие никому своих мест.

Колычев приготовил карты и положил их посредине стола.

— Ну, я сниму! — сказал нотариус и. снял карты.

Колычев приготовился.

— Делайте игру!

— Ну, для начала! — сказал нотариус и поставил сто рублей. Со всех сторон потянулись руки, и скоро стол покрылся ассигнациями.

— Триста в круг! — сказал, подходя, известный подрядчик и бросил на стол целую связку трехрублевых ассигнаций. Он собирал их в клубе, и его пачка с каждым днем вырастала. Он приписывал ей особые свойства и никогда не производил из нее платежей.

— Все сделано! — спокойно сказал Колычев и сдал карты.

Первая бита, вторая дана, третья бита. Куш из круга.

Колычев отложил карты и стал собирать деньги и производить расчет.

Патмосов приковался взглядом к лежащим картам и не сводил с них взгляда, но никто их не тронул.

Колычев сел, собрал деньги, взял в руки карты и опять сказал:

— Сделайте игру!

Опять зашелестели ассигнации. На этот раз счастье изменило Колычеву, и он отдал комплект. Лицо у него напряглось, губы сжались.

— Что, Михаил Андреевич, — засмеялся нотариус, сгребая свой выигрыш, — не все бить, приходится и расплачиваться!

— Карта не лошадь! К утру повезет! — сострил кто-то.

Колычев расплатился, причем ему пришлось вынуть свои деньги, и, смешав карты, начал их готовить для новой талии.

Он тасовал сосредоточенно, молча.

Патмосов оглядел толпящихся игроков и невольно вздрогнул. За спиной Колычева стоял огромный Свищев и, злорадно усмехаясь, делал кому-то знаки глазами. Патмосов осторожно покосился и увидел молодого офицера.

Колычев окончил тасовку и положил карты на стол для съемки.

Через стол протянулась рука Бадейникова.

Теперь по бокам Колычева оказались и Бадейников, и Калиновский.

Патмосов кивнул Пафнутьеву и снова сделал попытку приблизиться к Колычеву, но стоящие подле не дали ему места. Попытка Пафнутьева оказалась неудачной также.

— Сделайте игру! — сказал Колычев, беря в руки карты.

Деньги со звоном и шелестом посыпались на стол. — Игра сделана!

Колычев сдал и открыл три козыря. Комплект! Он отложил карты и стал собирать деньги. Патмосов опять приковался глазами к картам.

— Позвольте, — вдруг раздался задорный голос, — я из двадцати пяти рублей пятнадцать ставил, а вы все берете!

Патмосов невольно взглянул на говорившего господина. С щетинистыми рыжими усами, с наглым взглядом, он горячился с естественным жаром.

— Сделайте одолжение, получите сдачи десять рублей! — спокойно сказал Колычев и, собрав деньги, опустился на стул, взял карты и заявил: — Сделайте игру!

Снова деньги, снова сдал Колычев карты и снова открыл двух козырных тузов. Комплект!

— Невероятно!

— Черт возьми!

40

— Этак без сапог уйдешь! — раздались возгласы, а Колычев собрал деньги и снова сказал: — Сделайте игру.

Игроки разгорячились. Старая примета, что после двух взятых третья бита. И на стол посыпались удвоенные, утроенные ставки.

Колычев опять сдал карты и открыл на этот раз — четырех козырей!

— Невозможно! Что же это! Вот так съемка!

Колычев приподнялся собрать выигрыш, как вдруг раздался голос, покрывший общий шум и поразивший всех, как выстрел.

— Господа! — резко прокричал кто-то.

Патмосов быстро оглянулся и увидел молодого офицера. Он был красен, и глаза его горели негодованием.

— Господа, я требую, чтобы были сосчитаны и проверены карты!

— Что-о? — выпрямился Колычев, бледнея. — Что вы хотите этим сказать?

— Ничего-с! Просто требую проверки, после нее я готов дать объяснения!

— Проверить! Старшину! Это невероятно! — вдруг со всех сторон послышались озлобленные голоса.

— Что за подлость! — закричал, наливаясь кровью, нотариус. — Какая проверка?

— Мерзавцы! — проговорил подрядчик с презрением, но кругом с неистовством кричали: "Проверить!" — и чьи-то руки быстро высовывались из толпы и хватали со стола не взятые Колычевым ставки.

Колычев стал бледнее бумаги. На губах его выдавилась презрительная улыбка, и глаза метали огонь. Позади его Свищев кричал:

— Старшину сюда!

Патмосов побледнел и почувствовал, как липкий, холодный пот выступил на его теле.

Он все понял! В тот момент, когда рыжий усач поднял спор из-за сдачи, карты были обменяны.

Колычев погиб, и он, старая лиса, допустил эту погибель!

41

Если бы не толпа, сдавившая его со всех сторон, он бы упал.

— Позвольте, господа! — протискиваясь в толпе, произнес дежурный старшина. — В чем дело?

Колычев разжал губы.

— Вот господин поручик требует проверки всех карт, — сказал он.

— На каком основании? — строго спросил старшина.

— Да-с? Как он смеет? — воскликнул горячий нотариус.

— И смею! — запальчиво произнес офицер. — Считаю невероятным такое счастье и прошу проверки. Я отвечаю!

— И ответите! — глухо произнес Колычев.

— Во всякое время! — поклонился ему офицер. — Если...

— Вы извините, Михаил Андреевич? — сказал старшина и собрал карты.

— Пожалуйста! — ответил Колычев, продолжая стоять. Только теперь он оперся на стол руками.

— Вы помогите, Петр Степанович! — обратился старшина к нотариусу и, заняв место, начал быстро считать карты.

Во всем зале наступила гробовая тишина. Все давно бросили играть и окружили большой стол тесной толпой.

Патмосов слышал в тишине биение своего сердца и не спускал взгляда с Колычева.

Старшина сбрасывал по две карты и громко считал, а нотариус тут же делал проверку.

— 28, 30, 32!

— Верно, верно, верно!

— 56, 58, 60!

— Верно!

— 100!

— Верно!

Старшина поднял руку и показал четыре карты.

— Счет верен! — сказал он. — Две колоды, 104 карты!

— Я прошу разложить карты по фигурам и очкам! — выкрикнул тот же офицер.

— По фигурам! Просим! Разложить! — снова раздались голоса.

— Небывалая подлость! — закричал нотариус.

— Вы мне ответите за это! — крикнул ему офицер.

Старшина вопросительно взглянул на Колычева.

Тот нервно передернул плечами и усмехнулся.

— Прошу и я! — сказал он.

Старшина и нотариус собрали снова карты и начали раскладку.

Опять наступила мертвая тишина. Нотариус и старшина стали выбрасывать тузов. Вдруг нотариус поднял руку с картой и замер. Колычев взглянул и покачнулся.

— Что у вас? — спросил тихо старшина.

— Покажите карту! — закричали голоса. Нотариус бросил на стол карту. Третий туз червей!

Старшина бросил на стол четвертого туза!

— Что же это? — пролепетал растерянно Колычев.

— Я прошу смотреть дальше! — закричал офицер. Старшина растерялся, нотариус был теперь бледен.

Что это? Что?

10 валетов, 11 восьмерок и только 4 двойки, 6 десяток.

Рыжий господин вдруг выдвинулся к столу.

— Очень просто! Была подменена талия, 17 карт были сброшены, а так как упавшие 17 были неизвестны, то вот и путаница!

— Вор! Шулер! Отдай назад деньги!

— Господа, я ручаюсь! — надсаживаясь, закричал старшина.

— А это что? — вдруг заревел Свищев и на глазах у всех вытащил из кармана Колычева карты.

— Мошенник! Протокол! Пусть отдаст деньги!

Колычев выпрямился во весь рост и стал шевелить побледневшими губами, но слова не вылетали из его сдавленного горла.

Вдруг он с отчаянием взмахнул руками и бросился от стола.

Толпа невольно расступилась от его порыва.

Он побежал к лестнице.

Толпа опомнилась и пришла в неистовую ярость.

— Держите его! Ловите! — закричали кругом. — Вор!

— Он нас два месяца обыгрывал! — ревел Свищев. Патмосов очнулся от ужаса и, быстро найдя Пафнутьева, сказал ему:

— Поезжай в сыскное. Спроси телефон. Звони во все части. Пусть оповестят все гостиницы, чтобы задержали его, он не переживет! Понял?

Пафнутьев кивнул и бросился со всех ног к выходу.

— Поймать, схватить! Я разъясню все завтра. Теперь его спасти! — бормотал Патмосов, торопливо занимая телефонную будку. — Барышня, дайте номер 14-73!... Благодарю! Откуда говорят? Кто? Отлично! Пожалуйста, как только вернется ваш барин, скажите ему, что господин Патмосов все объяснил! Поняли? Все объяснил! Попросите барыню не оставлять барина ни на минуту. Я сейчас приеду!... Все!... Алло! Барыня! Дайте номер 5-0-7! Благодарю! Кто у телефона? Так! Барин дома? Попросите его к телефону! Андрей Федорович, вы? Здравствйте! Это я! Патмосов! Из клуба! Случилась беда! Оденьтесь. Я еду к вам! Да, да! Большая беда! Но еще все поправимо! Еду!

Патмосов повесил трубку, быстро сбежал с лестницы, оделся, вышел на улицу и, взяв первого извозчика, крикнул:

— Гони на Знаменскую, семнадцать! Скорее!

Извозчик погнал свою лошадь.

XVI

Его, видимо, уже ждали. Подъезд и лестница были освещены, и едва Патмосов подъехал, как швейцар выскочил из подъезда и стал суетливо отстегивать полость.

— Пожалуйте! Барин ждет! Во второй этаж!

Патмосов сбросил швейцару шубу и стал подниматься по лестнице. Швейцар позвонил снизу. На площадку лестницы выбежал Колычев-отец, бледный, взволнованный.

— Что с ним? Что случилось? Рассказывайте! — Колычев

схватил Патмосова за руку, повлек через анфиладу комнат и остановился в маленькой гостиной. Красный свет фонаря смягчал бледность его лица.

— Что с ним? Все, все! По порядку!

Патмосов коротко рассказал все, что проглядел, и затем страшную развязку.

Старик упал на диван как подкошенный и закрыл лицо руками. Хриплый стон вырвался из его груди.

— Все! Сразу все! И сын, и доброе имя! Едем! — Колычев-старик быстро поднялся. Лицо его стало спокойно и решительно. — Куда мы поедем?

— Сейчас к нему на квартиру, потом в сыскное. Я уже послал туда своего помощника.

— Тогда скорее!

У подъезда уже стояла собственная лошадь Колычева.

— Надеждинская улица. Это рядом.

Через три минуты они были у подъезда и звонили. Швейцар отпер дверь и почтительно вытянулся.

— Сын вернулся?

— Никак нет еще! — ответил швейцар.

Старик почти взбежал по лестнице. Патмосов едва поспевал за ним.

Им отворили тотчас, и едва они вошли, как к ним выбежала жена Колычева.

Это была молодая женщина с прекрасным лицом. Теперь лицо это было бледно и искажено страхом, большие глаза припухли и были красны от слез.

— Папа, что с Мишей? — бросилась она к старику и, увидя Патмосова, отшатнулась. — Это вы говорили по телефону?

— Я, — глухо ответил Патмосов. — Я прошу вас не волноваться, но мы боимся за него. Он... он сильно проиграл и в отчаянье. Если он приедет...

— О, я не отойду от него. Я успокою его!

— Мы его теперь поедем искать!

— Господи! — вдруг с отчаянием воскликнула молодая женщина. — С ним револьвер! Он всегда его берет с собою.

Патмосов на миг потерял самообладание.

— Не будем терять времени! Едем! — воскликнул он и бросился на лестницу.

Теперь Колычев-отец бежал за ним. Они вскочили в сани.

— На Офицерскую! — сказал Патмосов.

— Гони вовсю! — крикнул Колычев, и сани помчались по пустынным улицам.

— Как мы его найдем?

— Только случаем, — ответил Патмосов. — Я велел своему помощнику оповестить полицию, а та — гостиницы, но это нельзя сделать так скоро. Для быстроты я просто приказал арестовать его. Там же выясним остальное, лишь бы перехватить момент!

Сани летели, как ветер.

Вот и Офицерская. В сумраке ночи вырисовалось неуклюжее здание Казанской части. Над подъездом сыскного отделения тускло горел фонарь.

— Стой! — крикнул Патмосов.

Швейцар открыл дверь.

— Кто дежурный?

— Расовский, Карл Эмильевич!

— Семен Сергеевич приехал?

— С час времени!

Патмосов и Колычев поднялись на третий этаж, быстро прошли по пустому коридору и вошли в дежурную.

У телефона стоял Пафнутьев. Дежурный чиновник поднялся навстречу.

— А, Алексей Романович! — приветствовал он Патмосова.

Колычев-отец бессильно опустился на скамейку. Патмосов поздоровался с чиновником и спросил:

— Ну, что сделали?

— Как вы приказали. Да скоро, видите ли, не сделаешь. Вот сейчас еще Семен Сергеевич с Васильевской говорить будет. И тогда все. Надо будет ждать.

В этот момент Пафнутьев взял трубку и заговорил:

— Васильевская часть? Так! Говорят из сыскного. Сейчас оповестите по всем участкам, чтобы обошли все гостиницы и, если в какую из них приехал с полчаса назад господин, блондин

46

средних лет, хорошо одетый... Да! Немедля арестовать, обыскать и дать знать сюда! Поняли?.. Да! да! да! Немедля!

Пафнутьев повесил трубку и обернулся к Патмосову.

— Все части оповестили, а что же дальше?

— Ждать.

— А откуда они выехали? — спросил дежурный.

— Из купеческого.

— Угол Графского и Фонтанки! Так. А не спросить ли, Алексей Романович, по ближайшим гостиницам? А?

— Понятно, можно. Только в таких случаях обыкновенно, когда человек придет в себя, то оказывается уже на другом конце города. Спросите!

— Гостиница "Москва".

Телефон заработал...

Время шло томительно медленно.

Колычев-отец сначала сидел, потом вскочил и начал нетерпеливо ходить по коридору.

Патмосов сидел неподвижно, в сотый раз думая, что, не отвернись он тогда, и он поймал бы их за подменой колоды.

Вдруг зазвенел телефон, и в тишине пустых коридоров этот звонок отозвался чем-то страшным и зловещим.

Патмосов вскочил. Колычев в один миг очутился в дежурной комнате.

Дежурный снял трубку. Наступили томительные мгновения.

Он слушал и говорил:

— Так. Так. Так.

Потом повесил трубку и обратился к Патмосову:

— Полчаса тому назад в "Варшавской" гостинице застрелился господин Колычев.

— Туда! — закричал истерически отец и побежал из сыскного.

Патмосов едва поспел вскочить в сани.

— К Варшавскому вокзалу! В "Варшавскую" гостиницу! Гони! — закричал Колычев, и они снова помчались. Лошадь фыркала, разбрасывая пену, и казалась несущимся облаком.

— Застрелился! Застрелился! — бормотал старик, то кутаясь в шубу, то распахиваясь.

Патмосов молчал. Старик опять бормотал:

— А что же и сделать! Вдруг шулер! Директор банка! А? А растрата есть? Есть растрата?

— Надо думать, нет!

— Эх, Миша, Миша! И какая голова был! Какое сердце! Эх! — и старик весь содрогнулся.

— Подъезд направо! Стой! — сказал кучеру Патмосов и потянул его за кушак.

XVII

В гостинице уже была полиция, коридорные и швейцар были растеряны. Управляющий был бледен и чуть не плакал.

— И что это за напасть! — жаловался он. — Месяца не проходит, чтобы кто-нибудь не застрелился!

— Где, где? — страшным шепотом спрашивал Колычев, идя по коридору.

— Сюда пожалуйте!

В номере собрались пристав, околоточный и доктор. Городовой стоял у двери и отгонял любопытных, которые вышли их кухни, из соседних номеров по коридору.

— Это отец! Пусти! — приказал Патмосов городовому.

У преддиванного стола, в кресле, неуклюже перегнувшись через ручку, полулежал труп Колычева. Расстегнутая сорочка была вся смочена кровью, в свесившейся руке был зажат револьвер. Лицо его было безмятежно спокойно.

На столе лежали записная книжка, бумажник, кошелек, часы с цепочкой, два перстня и карандашом твердым почерком написанная записка:

"В бумажнике — 6 700 рублей, в кошельке — 175 руб. 60 коп. и два купона. Часы и цепочка. Кольца с изумрудом и с бриллиантом. В смерти никого не винить. Жить не мог после позора, но совесть моя чиста. Колычев, Михаил. Надеждинская, 34".

Колычев-старик подошел, всплеснул руками и простонал:

— Миша! Миша, голубчик! Что ты сделал?

Околоточный поддержал его и опустил в кресло.

XVIII

Самоубийство Колычева в свое время наделало шуму, особенно в среде игроков. Имя его было очищено от позора, но молодая жизнь погибла, и не всякий узнал истинную подкладку этого темного дела.

Свищев, Калиновский и Бадейников были высланы из Петербурга.

Патмосов был угнетен.

Он даже слег от волнения, вернувшись с тяжелых похорон.

— Помни, Сеня, у всякого свои обязанности. Я за это дело не должен был и браться. Что я ему — нянька? Я предупредил его, он меня чуть не выгнал. Наше дело — найти преступника, открыть преступление!

— Но вы же сделали, что могли, — возразил Пафнутьев, — негодяи все-таки открыты и теперь высланы.

Патмосов слабо махнул рукой.

— Во-первых, они не обезврежены. Во-вторых, они сейчас высланы, а завтра будет новый градоначальник, и они вернутся. Эти мерзавцы ненаказуемы!

Слова Патмосова оправдались.

Свищев, Калиновский и Бадейников снова в Петербурге и составляют то же товарищество на вере. Бадейников взял в аренду карточную игру одного из столичных клубов и благоденствует, собирая несчетные рубли с бедняков, предающихся азарту.

ПЬЯНЫЕ СНЫ

I

СТАРЫЕ ПРИЯТЕЛИ

На Среднем проспекте в нижнем этаже громадного каменного дома, с незапамятных времен помещалась большая суровская лавка, под вывеской "Торговый дом Б. А. Архипова". Торговали в ней красным и суровским товаром; башмаками и галошами; галстуками и подтяжками; бельем монополь и разной галантерейной мелочью.

В ней работали два приказчика, Антипка, переходящий на положение Антипа Романовича, и двое мальчишек, Степка и Яшка. Сам же хозяин, Никандр Семенович Чуговеев, сидел за решеткой у своей конторки и, всегда мрачный, сосредоточенно думающий, только производил расчет с покупателями, совершенно не вмешиваясь в торговлю.

Невысокого роста, широкий в плечах, с рябым угрюмым лицом, рыжей жесткой бородой и холодными серыми глазами, приходил он в лавку, садился у конторки и сидел неподвижно, уставившись глазами в одну точку, пока оклик покупательницы не выводил его из этого состояния.

Он получал деньги, давал сдачу и опять погружался в свои упорные думы.

— Чудной у вас хозяин-то этот, — говорила какая-нибудь из старых покупательниц старшему приказчику, Авдею Лукьяновичу.

Тот неуловимо улыбался, слегка пожимал плечами и отвечал:

— Малость есть. Неприучены к нашему делу. Случаем стали, после того, как дядюшка, Егор Кондратьевич, царство ему небесное, без детей и вдовы померли.

— Так, так, — кивала покупательница, — и пьет?

— Не без того, — ухмылялся приказчик и громко произносил: — еще чего позволите?

Но если бы он и все слова произнес также громко, хозяин, все равно не услыхал бы его слов, так глубоко он погружался в свои упорные думы.

Был тихий апрельский вечер. На улице было светло и жарко, отчего в лавке все казалось мрачнее и унылее. Меркнувший свет слабо пробивался сквозь тусклые стекла, и полки с товарами тонули в полумраке, а угол, в котором сидел Чуговеев за своей конторкой, совсем был затянут сумраком, словно серой паутиной.

Приказчики сидели на табуретках за грудами наваленных кусков ситцу и распивали третий чайник кипятку; мальчишки лениво собирали товар с прилавков, в углу за решеткой сидел Чуговеев в своей неподвижной позе — и унылая тоска, как серая пыль, носилась в воздухе и оседала на все.

— Никогда при покойнике такого не было, — тоскливым шепотом сказал молодой приказчик дяде своему, Авдею Лукьяновичу, — хоть голос слышали. И сам покрикивал, и засмеешься, и все такое. А теперь словно в глотке вязнет. Ей-Богу!

— Мрачный человек, — согласился Авдей Лукьянович, и быстро, отставив блюдце, поднялся из-за прилавка навстречу входящему в лавку господину.

Это был невысокого роста, изящный и стройный мужчина, лет 36-ти, с русой бородою и веселым открытым лицом.

— Я новый комиссионер от Торонтона. С вас следует получить по счетам, — сказал он и ловким движением раскрыл портфель. — Вот ваш счет. Проверьте, а я зайду дня через два и тогда предъявлю доверенность!

Господин протянул Авдею Лукьяновичу сложенный лист и поспешно повернулся к двери, как вдруг раздался возглас:

— Валентин Викторович! Какими судьбами! Вот встреча-то!

Приказчики и мальчишки не поверили ни ушам, ни глазам своим, когда услышали голос хозяина и увидели его,

51

вышедшего из своего угла и идущего к посетителю с радушно протянутыми руками.

Тот быстро обернулся на возглас и вдруг испуганно отшатнулся.

— Ты... Вы... — произнес он растерянно и отодвигаясь в несомненном испуге, а Чуговеев, широко улыбаясь, остановился перед ним и заговорил весело и громко:

— Я, самолично, Валентин Викторович, али не признал?

Тот, видимо, справился с своим волнением, протянул руку Чуговееву и сказал:

— 10 лет! Много воды утекло. Как ты здесь-то?

Чуговеев тихо засмеялся.

— А вот был же ты военным, а теперь в комиссионерах? Всяко бывает! Дядя помер и мне это по наследству досталось. Никандр и купцы! А? Чудно.

— Если бы я знал...

— И не зашел бы? А? — опять со смехом сказал Чуговеев. — Брось! То — старое. Мало мы бражничали с тобою. Шабаш! Нынче не пропущу! Ты куда?

Приятель Чуговеева видимо ободрился.

— Собственно, в твой магазин в последний! Домой собирался. В нумера!

— Ну вот и отлично! Вместе вечер и ухлопаем. Вспомним то, что промеж нас хорошего было! Идем! — И он с небывалою живостью бросился в темный угол к своей конторке, зазвенел золотом, щелкнул замком и через мгновенье вернулся в пальто и шляпе.

— Лавку без меня закройте в девять! — сказал он приказчику и ухватил под руку посетителя. — Идем!

Еще мгновенье — они мелькнули оба в светлом четырехугольнике двери и скрылись.

Младший приказчик только свистнул:

— Видали, как наш развернулся-то! А?

Авдей Лукьянович только повертел головою.

52

II

ДОМ У КЛАДБИЩА

Небольшой, двухэтажный деревянный дом, который унаследовал Чуговеев вместе с лавкой, стоял в конце Малого проспекта, сейчас за кладбищенским забором, перейдя Смоленское поле.

В нижнем этаже дома жили приказчики и мальчишки, а наверху помещались: сам Чуговеев в трех комнатах, и в большой кухне — единственная прислуга, Лукерья Игнатьевна, или Игнатьиха, как ее звали по всему околотку.

Эта Игнатьиха, как дом и лавка, перешла к Чуговееву по наследству.

Высокая, здоровая баба, лет 42-х, с красным, как натертым кирпичом, лицом, она стряпала на всех обед или ужин и убирала комнаты, а вечером, как "молодцы" уходили вниз, оставшись в огромной кухне вдвоем с кошкою, ставила перед собою остатки ужина, доставала бутыль с настойкой и начинала пить, вспоминая свои молодые годы, подлеца Митьку, надругавшегося над ее девичьей любовью, строгую маменьку и умершего младенца.

Огромная кухня освещалась маленькой жестяной лампой; кошка сидела на теплой печке; Игнатьиха пила, разговаривая, то сама с собою, то с кошкою, то с разбойником Митькой и, наконец, засыпала, положив голову на угол или на лавку и редко когда улегшись на кровать. Керосин выгорал и лампа гасла.

Все затихало в доме, и только в крайней комнате, которую занимал сам Чуговеев, слышались еще: бормотанье, звон бутылки о край рюмки, изредка хриплый смех — и далеко за полночь кладбищенский сторож видел свет в одиноком окошке и мелькающий на занавеске темный силуэт лохматой головы.

***

Молодцы из лавки гурьбой вошли в кухню Игнатьихи, и Федор Павлович весело сказал:

— Ну, Игнатьиха, нынче ты одна голова в доме. Хозяин закурил!

— А мне што хозяин, — отвечала Игнатьиха, выставляя на стол глиняную чашку, — я свое, он свое. Моего не выпьет!

— Вы разное, — засмеялся Антипка, — он коньяк глушит, а ты сорок разбойников!

Когда все поужинали, напились чаю и ушли к себе вниз, Игнатьиха быстро перемыла посуду, вытерла стол и подмела пол. Потом захватила жестяную лампу и прошла в комнаты.

Там она приготовила хозяйскую постель, принесла прибор для еды и рюмку, принесла кусок вареного мяса, зажгла висячую лампу и вернулась к себе на кухню, где достала бутылку с зеленоватой настойкой, сняла с полки стаканчик, вынула из духовой чашку с едой и села к столу, набожно покрестившись на икону.

— Вот и поем! — забормотала она, нацедив себе стаканчик и быстро опрокидывая его в рот. — За ваше здоровье. Ксс... ксс... ксс... и ты тут, шельма! На тебе, жри!

Кошка с тихим мяуканьем бесшумно спрыгнула с края плиты и мурлыча начала есть брошенный ей кусок.

Игнатьиха съела кусок и выпила еще стаканчик. Лицо ее раскраснелось еще больше, глаза засветились, и она, продолжая есть и пить, начала нескончаемый разговор сама с собою.

"Емельян теперь сватался; говорит: "сделайте такое мне одолжение". Нет, врешь, песий сын, я и одна поживу! Будет с меня разбойника Митьки и даже вполне достаточно! Простите, Емельян Фадеевич, никак не могу, потому знаю, что вы подлец и до моих денег добираетесь. Митька тогда, Господи, как убивался! А как надругался и рыло в сторону и драться зачал. Я ужо тебя еще встречу! Отлично встретимся! Я тебе тогда покажу! Я тебе зенки-то ногтями! Я тебе!!"

Игнатьиха вскочила с табуретки, дрожащей рукою опрокинула в рот шестой стаканчик настойки и стала грозиться кулаком кошке, которая с совершенным равнодушием вылизывала себе хвост...

В это время по чистой лестнице раздались грузные шаги, затем заскрипел ключ в дверях и в темную переднюю вошел Чуговеев, откуда неровным шагом прошел в свою комнату.

На лице его, всегда угрюмом, отражалось волнение: глаза горели, а губы кривились злой и насмешливой улыбкой.

— Будет, будет! — бормотал он, кому-то кивая, а потом, не снимая пальто и шляпы, сел посреди комнаты на стул и приковался взором к портрету девушки, что висел над кроватью.

— Сам пришел! Чуял! — бормотал он, беззвучно смеясь, и опять говорил, — небойсь! Будет!

А в кухне Игнатьиха, припав к столу, горько всхлипывала и причитала:

— Ангельчик мой светлый! И зачем тебя Бог убрал. Нешто ты дал бы меня в обиду. Маменька, и что вы со мной сделали!..

Кладбищенский сторож смотрел на одиноко светящееся окно и, качая головою, бормотал:

— И скажи на милость, не спит! Сколько это он винища выхлещет!..

Утром, когда приказчики и мальчишки, поднялись в кухню, Игнатьиха с заспанным лицом уже хлопотала у плиты, а Чуговеев, мрачный, как всегда, вышел из своей комнаты и, кивнув в ответ на приветствия, сказал мальчишке:

— Сбегай, Яшка, на двор, позови Корнея!

Яшка вылетел из кухни и загромыхал по лестнице, а Чуговеев вышел из кухни и прошел в холодный коридор который оканчивался ретирадой. У стены коридора стоял огромный деревянный ларь.

Чуговеев поднял крышку и заглянул в него.

В прежнее время в этот ларь складывали, вероятно, всякое добро, а теперь он был наполовину завален пустыми бутылками, тряпьем и костями.

Чуговеев опустил крышку и внимательно осмотрел его со всех сторон, а потом попробовал крепкую железную петлю и пробой для замка.

После осмотра он вернулся в кухню, где уже стоял кривой Корней.

Чуговеев взглянул на него исподлобья:

— Вот что! Весна пришла, скоро жара будет и запах из ямы становится все сильнее.

— Так что не вычищена давно, Никандр Семенович, можно послать.

— Послать само собой, а купи ты ведро ждановской жидкости. Запомнишь? И мне сюда в коридор поставь. Сегодня же купи! Вот тебе деньги.

Он дал Корнею пять рублей и ушел из кухни.

— Пьян, а учухал! — усмехнулся Федор Павлович.

— А то как же, — сказал Корней, — по весне завсегда самый крепкий дух.

III

С ПЬЯНА

Чуговеев стал возвращаться теперь поздно и все ходил в коридор, ворочался там, хлопал крышкой ларя, и пьяная Игнатьиха на время прерывала свои монологи и пугливо прислушивалась к незнакомому ей шуму, но потом пьяные грезы овладевали ее мозгом, и она снова начинала свои беседы с Митькой и маменькой.

А на утро, придя в комнату хозяина, убирала пустую бутылку из-под коньяку, которую обычно кидала в ларь.

И вдруг одним утром весь мусор, что лежал в ларе, она увидела сваленным в угол коридора, а самый ларь запертым на висячий замок.

— Не пойму, — говорила изумленная Игнатьиха Корнею, — и откуда он здесь взялся? Надо быть, во сне это я все убрала.

— Вестимо во сне. Ты, чай, напьешься да таких дел переделаешь, что на тебе! — ухмыляясь отвечал Корней.

— Ох, милый, твоя правда! Истинная правда! Онамедни я проснулась, а у меня ковша нет. Туда-сюда, а он в поганом ведре, что с твоей ждановкой. Вот!

— А ты пей больше!

— Не могу иначе, — с вздохом говорила Игнатьиха, — без нее, проклятущей, повешусь. Вот те Христос!..

— И душит хозяин теперь этой ждановской, — говорил Федор Павлович Игнатьихе вечером за ужином.

— Ой, душит! — отвечала Игнатьиха, — утром идет и льет; вечером льет; по коридору льет, милые!

— Блажь нашла, — усмехался Авдей Лукьянович.

Чуговеев был также угрюм и мрачен и также неподвижно сидел в лавке в своем углу за решеткой, но иногда вдруг оттуда раздавался его тихий смех да такой жуткий, что у Федора выпадал из рук аршин.

И каждый вечер он уходил из лавки до ее закрытия.

Сидит, сидит, потом молча оденется, буркнет: "лавку без меня закрой!" и уйдет.

— Опять без компаньона пить будешь, — говорил Федор Павлович Игнатьихе, приходя вечером на кухню.

И когда все уходили, она, справив свое дело, выставляла бутылку и стаканчик и сердито бормотала:

— Мне до его тоист накакого дела. Я сама по себе, он сам по себе. Мне покойник еще наказывал: пока, говорит, ты жива, никто тебя из этой кухни не тронет... То-то! Так и в завещании прописано. Ты да я, — обратилась она к кошке, — вот как! — и опрокидывала первый стаканчик.

— Пущай его слонов слоняет, мне што! — продолжала она. — Я ему не мешаю, а он мне. Ему што? Я за свои пью! Да! — и она выпивала второй стаканчик. — Коли бы не ты, мерзавец, — обращалась она к невидимому Митьке, — я бы может этого винища и в рот не брала, и ангельчик мой жив был бы! Ирод ты этакий, глаза бесстыжие! Встреться ты мне! — она выпивала третий и четвертый стаканчик, начиная приходить в обычную ярость. Возвращение хозяина на время прерывало ее пьяные монологи, но затем виденья овладевали ее мозгом и она снова бредила до потери сознанья. И вдруг однажды случилось нечто необычное.

Как всегда заскрипел ключ в замке у входной двери, открылась и хлопнула дверь, и Игнатьиха ясно услыхала, что в прихожую вошел не один хозяин, а с кем-то, громко говоря ему:

— Сюда, сюда! Тут у меня покойно. И выпить есть, и закусить найдем! Помнишь, как в школе! А?..

— Великолепно! — отвечал хозяину кто-то и они пошли в комнаты.

Игнатьиха на время даже отрезвела.

Никогда такого не было. Чтобы у хозяина и гости!..

Она приоткрыла дверь и стала прислушиваться.

До нее глухо донеслись голоса, громкий смех, потом словно спор, потом голос одного хозяина, все громче и громче.

И вдруг показалось ей, что кто-то крикнул да так-то страшно, а потом засмеялся, и будто она в гостиной сидит, на корточках, под киотой, и видит такое ужасное, отчего можно ума решиться.

Когда она очнулась, то лежала посреди кухни, головой у табуретки и Антипка толкал ее в плечо, сердито говоря:

— Что ж это ты к сроку чая не сделала. Теперь из-за тебя нам на тощее брюхо!

— Ох, милые, и что я видела! — приходя в себя и дико озираясь, прошептала Игнатьиха.

— Ты хоть с пола-то встань! — сказал ей Авдей Лукьянович и, покачав головой, прибавил: — пила ты допреж, а до такого не допивалась!

— Ой, голова моя, голова! — снова прошептала Игнатьиха, тяжело подымаясь с пола.

— Что ж вы не идете лавку открывать, — послышался голос Чуговеева и он остановился на пороге кухни.

— Так, что Игнатьиху едва добудились, Никандр Семенович, — бойко ответил Федор Павлович, — без еды оставила.

— Ум пропила! — угрюмо сказал Чуговеев.

— Ай! ай! — истерически взвизгнула Игнатьиха и бросилась к двери.

Чуговеев метнул на нее злобный взгляд и усмехнулся.

— Ишь, допилась! А вы уж, — обратился он к молодцам, — в лавке поедите. Авдей Лукьянович купит что надо!..

— Идем, что ли! — сказал Авдей Лукьянович, и все вышли из кухни.

Игнатьиха заспанная, растрепанная, красная, словно из бани, жалась в углу и испуганно таращила глаза на хозяина.

Чуговеев уставился на нее холодным, злым взглядом, криво усмехнулся, потом махнул рукой, повернулся и тихо вышел из кухни.

IV

Что сказала Игнатьиха Авдею Лукьяновичу

Чуговеев пришел в лавку позднее обычного часа и, как сел в своем углу, так и не двинулся с места до самого вечера.

Из лавки он ушел опять раньше закрытия, не сказав Авдею даже обычных слов.

Мальчишки зашептались, Антипка и Федор Павлович стали громко говорить, и лавка словно ожила, едва ушел из нее мрачный хозяин.

В девять часов Авдей Лукьянович закрыл лавку, и все пошли домой.

Антипка и мальчишки влетели в кухню и закричали:

— Ну, Игнатьиха, есть давай!

— И воняет же этой ждановской! — морща нос, сказал Федор Павлович, — сколько он льет ее, сил нет!

— Корней два ведра купил! — ответил Антипка.

— Что с тобой, али еще не прочухалась? — спросил Авдей у Игнатьихи, которая вяло ворочалась у печки и была сама не своя.

Игнатьиха поставила на стол миску и уныло покачала головою.

— Надо быть, допилась! — ответила она с тяжелым вздохом, — такое мерещится, такое! Господи, Боже мой! — и она вздрогнула всем телом.

— Черти что ли? — засмеялся Федор Павлович.

Игнатьиха покачала головою.

— Хуже, милый! — ответила она кротко.

Авдей пытливо посмотрел на нее.

— И впрямь ты не в себе, — сказал он, — ты бы бросила пить, пока что.

Игнатьиха только вздохнула и, убрав миску, выставила на стол горшок с кашей, а сама села в угол на табуретку и застыла.

Ужин кончился. Молодцы встали и перекрестились на образа. Аитипка с мальчишками тотчас побежали на улицу. Федор Павлович ушел и остался один Авдей.

Игнатьиха вдруг поднялась с табуретки, заперла двери и, подойдя к Авдею, тихо сказала:

— Ты, Авдей Лукьянович, побудь со мною. Что я скажу тебе.

— Что? — нехотя спросил тот.

— А что я нынче в ночь видела, — пугливо озираясь, прошептала Игнатьиха.

— Напилась и видела, — сказал Авдей, присаживаясь на лавку у окна. — Ну, что?

Авдей был маленького роста, с лысиной во всю голову, с маленькими глазками, прикрытыми воспаленными веками и большою, словно из кудели, бородою.

В сюртуке до пят, степенный и строгий, он, несмотря на маленький рост, казался степенным и важным.

— Пила это я, — зашептала Игнатьиха, — вдруг дверью стук! И хозяин домой, да не один. Идут и разговаривают. Чудно мне, я и стала слушать. А они: гу-гу-гу! То смеются, то словно ругаются. А мне что! И вдруг это я, милый ты мой, будто у них за дверью, а они оба в хозяйской. Я, будто, это смотрю и все вижу.

Игнатьиха тяжело перевела дух и на лбу у нее выступил пот.

— И вот, Авдей Лукьянович, — зашептала она снова, — сидят это они и пьют и все промеж собою так-то быстро говорят. Хозяин говорит, говорит, да, как крикнет. Гость-от тоже говорит, говорит. Потом... — Игнатьиха совсем понизила голос почти до шепота. — Смотрю это я, как хозяин вскочит да гостя за ворот, да на колена, да пальцем все на портрет тычет, что над его кроватью. Мамзель такая! Тычет и кричит: "Ты, ты, ты!" Господи, страшно как! Стою это я и вся трясусь. Гость-то бледный, бледный. Прости! — кричит... Тут... — Игнатьиха стала почти бледной, склонилась к самому уху Авдея и зашептала: — как возьмет хозяин его за горло, да лицом в пол... И ничего я больше не помню, Авдей Лукьянович.

Она тяжело перевела дух. Авдей задумчиво покрутил головою.

— С пьяна тебе мерещится, Игнатьиха, вот что. Ты другому кому такого не болтай! — прибавил он строго.

— Я и то думаю, что с пьяна, — пугливым шепотом заговорила она снова. — Дальше уж такое видела, что и не пойму!

— И еще видела?

— И еще!.. Будто это я в гостиной, под киотой. Сижу будто на полу и молитву творю. Вдруг... Не пойму я, Авдей Лукьянович, то есть, вот как вживу вижу... — Она вся задрожала мелкой дрожью.

— Что видишь-то? — прошептал Авдей, впиваясь в нее глазами.

Она вздрогнула и закрутила головой.

— Идет это хозяин через горницу, а у него на спине голый человек. Ей Богу! Голова болтается и будто упокойник. Хозяин тихо так идет и в коридор... и пропал...

— Ну?

— Только и помню! Очнулась я, гляжу, в кухне и вы все...

Она бессильно опустила голову и развела руками.

— Рассуди, Авдей Лукьянович!

— И рассуждать тут нечего. Пьешь и до видениев доходишь. Ишь, что наплела! Воздержаться надо. Вот, что!

Игнатьиха всплеснула руками.

— Ох, надо, милый! А не могу. Нет моей силушки!

— В больницу попадешь, с виденьями этими. В церковь сходи!

Авдей постоял с мгновенье и двинулся к двери.

— Шел, шел и вдруг сгинул, — сказал он укоризненно, отодвинув засов и останавливаясь, — ну, куда он сгинул? И куда человека девал?

— Ничего не пойму! Страшно мне только, страшно... — прошептала Игнатьиха.

— Думаю и не знаю, сон это или и взаправду... — и она опять вздрогнула.

— Дура ты! Пьяная дура! — сказал Авдей и вышел, с сердцем хлопнув дверью.

В эту ночь он не мог заснуть сразу, и почти до утра ворочался на своей узкой постели.

Мальчишки давно уже спали; Федор Павлович вернулся с гулянья, а он все не спал и не выходил у него из головы пьяный сон Игнатьихи.

"Ведь и почудится тоже", — бормотал он с раздражением.

Много спустя после возвращения племянника, он услышал над головой тяжелые шаги вернувшегося домой хозяина.

"И куда он ходит теперь, — начал думать Авдей, невольно прислушиваясь к шуму наверху, — прежде никогда этого не было. Сидит и пьет. А теперь на!"

V

Где проводил вечер Чуговеев

Время подходило к полночи; в светлом сумраке майской ночи желтыми огоньками светились фонари.

По Лиговке у вокзальной площади гуляли проститутки,

парами, втроем вчетвером. С папиросами в зубах, в грязных ситцевых платьях, с платками на плечах, простоволосые. И с ними — их друзья — хулиганы — грубые, полупьяные

Проходили солдаты, мастеровые, робкий, но жаждущий разврата гимназист, с жадным взором пожилой развратник.

И среди них появился Чуговеев.

Едва показалась его фигура, как со скамейки тотчас навстречу ему поднялся молодой парень в высоких сапогах и пиджаке поверх грязной синей блузы.

— Нашел? — не глядя на него спросил Чуговеев.

— Пока нет, а только Пашка говорила, что будто знает, — ответил парень, непринужденно идя рядом с Чуговеевым.

— А где же эта Пашка?

— А вы извольте в "Тамбов" зайти. Я ее туда мигом!

— Хорошо, приведи! — сказал Чуговеев, направляясь к "Тамбову", грязному трактиру с номерами.

В низкой закопченной зале было душно от спертого воздуха, вонюче от еды, питья и людей, и сумрачно от табачного дыма. Две лампы тускло светили, свешиваясь с потолка.

Чуговеев равнодушно прошел между столиками, вызывая своим костюмом общее недоумение, занял в углу комнаты столик и потребовал полдюжины пива.

Мальчишка бегом принес стаканы и бутылки.

Чуговеев нетерпеливо смотрел на входные двери. Наконец, они открылись, и в трактир вошел парень с двумя женщинами. Обе они были одеты в темные ситцевые платья, цветные кофты и серые платки, накинутые на плечи.

Парень огляделся, сразу приметил Чуговеева и двинулся к нему с обеими женщинами.

— Вот, — сказал он, садясь к столу и тотчас беря бутылку, — Пашка и Фенька. Обе знают!

— Здравствуйте, господин! — развязно сказала женщина с бледным лицом и сунула Чуговееву руку.

Тот притронулся к ней и кивнул на стул:

— Садитесь!

— Мерси вам. Пива позволите.

— Чего спрашиваешь. Пей! — сказал ей парень и объяснил Чуговееву: — это Фенька.

Другая оправила платок на плечах, села подле Чуговеева, придвинула к нему красное курносое лицо и с таинственным видом заговорила:

— Прохор вот сказал, что вы девушку, Таньку, ищите. Так которую?

— Как? — не понял ее Чуговеев.

— Их здесь три гуляли, — вмешалась Фенька, — мы их всех знаем.

— Не мешай! — отмахнулась от нее Пашка, — видите ли, господин, их здесь, действительно, три. Одна — с Охты — рыжая, другая — Головешкой зовут — черная такая вся, беззубая, в больнице теперь; а третья — Гвоздь — высоченная этакая и нос, как у дятла. Еще которая с Тимкой путалась, — прибавила она.

— С Тимкой и есть! — подтвердила Фенька.

— Мы вам любую предоставим, — сказал Прохор, беря вторую бутылку и разливая по стаканам пиво.

Чуговеев сидел молча, смотря в землю. Потом заговорил с видимым трудом.

— Она невысокого роста. Как вы, — кивнул он Феньке, — а волоса светлые, глаза серые. Вот! — он вынул из кармана бумажник, из него фотографию и подал ее женщинам. — Может, она назвалась другим именем теперь нарочно, — говорил он, пока Пашка, Прохор и Фенька разглядывали фотографию.

— Нет, — сказала Пашка, возвращая карточку, — такой не видала. Я здесь шесть лет гуляю, а этакой не было!

Чуговеев с тяжелым вздохом спрятал фотографию в бумажник, бумажник в карман и положил на стол три рубля.

— Вот вам! — сказал он, вставая.

Усталый он возвратился домой, и на другой вечер шел в Академический переулок и там искал Таньку, потом в Александровский парк и каждый вечер в новое место, не чувствуя усталости, не теряя энергии.

Вернувшись домой он смотрел на портрет, висевший над его постелью и шептал:

"Увидишь его. Пожди, все по-хорошему будет!" — и тихо смеялся, а потом крался мимо кухни, где в пьяном бреду бормотала свои монологи Игнатьиха, проходил в коридор и, черпая из ведра ждановскую жидкость, разливал ее по полу, плескал в отхожее место и, подняв крышку огромного ларя, лил в него два полных ковша, после чего возвращался в себе и пил, говоря сам с собою, смеясь и ходя взад и вперед по комнате.

VI

Авдей Лукьянович паутину ткет

С того дня, как Игнатьиха рассказала свой пьяный сон, Авдей Лукьянович утратил свое спокойствие.

Однажды прямо из лавки он прошел в большой трактир на Среднем проспекте и, подозвав полового, сказал ему:

— Пошли-ка мне Евстигнеева!

Через четверть часа к его столику подошел господин в грязном поношенном сюртуке, с небритой бородой и красным носом.

Авдей Лукьянович потребовал закуски и водки и потом сказал Евстигнееву:

— Вы мне говорите, а я на бумажке!

— Сделайте одолжение. Три рубля. Извольте писать.

— За этим не постоим. Пожалуйста.

— Пишите. Доверенность. Это сверху. Милостивый государь... и потом как вас зовут: имя и отчество!

Авдей Лукьянович кивнул и послюнил карандаш.

— Прошу, вас принять на себя ведете всех моих дел, как по дому моему... напишите, где... так и по торговле, в магазине... тоже обозначьте...

Авдей Лукьянович сказал:

— Понимаю-с!

— Так. Причем доверяю вам вести по моим делам тяжбы, взыскивать долги, покупать и продавать и выдавать обязательства, как бы от моего имени, при чем я сам лично устраняюсь от ведения своих дел. И все-с! А внизу пусть он подпишет.

— У нотариуса?

— У нотариуса лучше, но можно и в участок послать, чтобы засвидетельствовать подпись.

— Очень вами благодарны. Получите свое! А теперь, милости просим. За ваше здоровье!

Авдей Лукьянович вернулся домой в небывало веселом настроении духа и, войдя в свою каморку, тотчас достал бумагу, перо, чернила и стал старательно переписывать только что продиктованную ему доверенность.

VII

ВТОРОЙ СОН ИГНАТЬИХИ

Беспрерывное пьянство сломило Игнатьиху. Молодцы ушли, она едва убралась, достала свою настойку, выпила всего три стаканчика и без всяких монологов едва успела дойти до кровати, как ткнулась в нее и заснула.

Она спала до самого рассвета без видений, а потом ей стало казаться, что хозяин прошел по кухне, постоял над нею, потом ушел, закрыл дверь и вдруг Игнатьихе стало нестерпимо страшно, и она будто проснулась.

Игнатьиха, охваченная неясным страхом, будто сидела на кровати, а за дверью по коридору слышались шаги двух человек, потом загремел тяжелый висячий замок, словно хлопнула крышка ларя, и снова послышались неровные шаги по коридору, тихий смех и голос хозяина.

— Это ему за дело! Так-то, а ты не бойся! Ты ходи! Я за

тобой завтра приду. Опять выпьем. Говорить будем... Ох, Таня!.. — голос хозяина словно сорвался.

— Чур меня, чур! — зашептала крестясь Игнатьиха и осторожно стала красться к двери. Подошла и приникла глазом к трещине, что шла по всей верхней половине двери.

— Сплю, али не сплю! — бормотала Игнатьиха, смотря в щель. И казалось ей, что у самой выходной двери стоит хозяин в туфлях, брюках и в одной рубашке и говорит с женщиной, положив ей на плечо руку. А женщина совсем оборвашка. Юбка темная, грязная; розовая кофта ситцевая, на шее платочек, а сама простоволосая и лицо с синяком у глаза.

— Где же я ее видела? — думает и старается вспомнить Игнатьиха, а в это время хозяин открыл дверь, женщина вышла, хозяин запер дверь и пошел в свою комнату, громко говоря сам с собою и смеясь.

— По нашему вышло! Так-тось! — донеслось до нее.

В это время в кухонную дверь застучал Корней.

— Отворяй, что ли! — кричал он, — воды несу!

Игнатьиха пришла в себя и отворила двери.

— Фу, — сказал Корней, выливая из ведер в кадку воду, — и дух тут у вас! Так и несет!..

— Хозяин каждый день льет. И туда, и по коридору. Говорит, холера идет, так от холеры.

— С такого духа и без холеры сдохнешь, — сказал Корней, выходя с ведрами на лестницу.

Игнатьиха вымылась и стала разводить огонь в плите, чтобы греть воду для утреннего чая.

— Господи, Боже мой! И что я за окаянная. И что за сны у меня. Не иначе, как наваждение. Не было того при покойнике, николи не было, а я ли не пила!..

Она поставила разогревать щи и кашу, а образ виденной ею женщины не выходил у нее из головы.

VIII

СОН В РУКУ

Над городом к ночи разразилась майская гроза.

Вымокшие насквозь ввалились молодцы к Игнатихе.

— Погодка! — сказал Федор Павлович, — прямо чертям раздолье!

— Свят, свят, свят! — проговорила испуганно Игнатиха, — и что ты говоришь, непутевый.

— Испугалась, небось! — засмеялся Федор Павлович, — вот как вздумаешь нынче пить, так тебе худо и будет.

Входная дверь хлопнула, затворяясь, и из прихожей в комнаты послышались шаги хозяина.

— Иди, огонь зажги! — сказал Игнатихе Авдей Лукьянович.

— А ну его! — отмахнулась Игнатиха, — пусть сам управится. Я к нему с той поры и не хожу вовсе.

— С какой поры? — спросил Федор Павлович.

— А как пригрезилось мне, что он гостя свово...

— Закуси язык, дура! — крикнул Авдей, перебивая ее. В это время голубым светом залило всю кухню и глухим раскатом прокатился гром.

— Свят, свят, свят! — закрестилась Игнатиха.

— Игнатиха! Что мне тебя пять раз кричать! — и в дверях кухни остановился хозяин. — Иди, лампы зажги, да изготовь самовар. В столовую подашь. На стол накрой!

Она вошла в его комнату, черкнула спичку и вдруг дико вскрикнула.

Совершенно ясно перед собой она увидела за столом на кресле ту самую женщину, что видела во сне. То же темное платье, та же розовая кофточка. Она сидела, опустив голову, вся промокшая, и вода стекала на пол, образовав подле нее лужу.

— Чего ты? — окрикнул Игнатиху Чуговеев.

— И вчера была, — пробормотала растерянно Игнатиха.

Чуговеев засмеялся.

— И вчера была, и завтра будет, — тебе-то чего? Или мне гостей не звать! Ну, зажигай лампу да готовь чай в столовой!

Игнатьиха дрожащей рукой чиркнула новую спичку, спустила сверху лампу и зажгла ее, после чего невольно опять покосилась на хозяйскую гостью.

Та тоже взглянула на нее, и Игнатьиха увидела пышные русые волосы, широкий лоб, большие грустные глаза под черными бровями, тонкий нос и скорбную улыбку.

Игнатьиха перевела глаза и вдруг увидела портрет над кроватью.

"Она и есть! Вот она!" Игнатьиху словно озарила эта мысль и она даже улыбнулась. Улыбнулась и гостья. Засмеялся и Чуговеев.

— Так-то лучше! — сказал он. — Видишь, живой человек.

Игнатьиха поспешно вошла в кухню и с торжествующим видом обратилась к Авдею Лукьяновичу:

— Не сон это вовсе, а она сама!

Тот поднял свои воспаленные веки.

— Что плетешь? Скажи толком.

— А то, что у хозяина сидит сейчас эта самая оборвашка и он угощает ее! Вот! И сам веселый, а она оборванная вся, мокрущая такая и та самая, что на портрете! Вот, а я думала, сон!

— Фью! — тихо свистнул Федор Павлович. — У хозяина и зазноба есть!

А бородатый Авдей уставился в стол, как козел на воду, и замер. В голове его поднимался совершенный сумбур.

Игнатьиха хлопотала у самовара, потом, желая отличиться перед хозяином, прошла в столовую и накрыла стол, как у людей.

— За булками сходить, хозяин? — спросила она из столовой.

— Все со мной есть! — отвечал из спальной Чуговеев.

Игнатьиха вернулась в кухню.

Ужин окончился, но Авдей Лукьянович с племянником не уходили, заинтересованные необыкновенным событием.

— Кто она-то? — спросил Федор Павлович, — красивая?

— Какой! — ответила Игнатьиха, со всей силы дуя в самоварную трубу, — щуплая такая и совсем рвань!

— Ну, у нас своя лавка! Обрядим! — засмеялся Федор Павлович и словно ранил в самое сердце Авдея Лукьяновича.

Тот сверкнул глазами и сказал:

— Мели больше!

Игнатьиха подошла к ним совсем близко и шепотом сказала:

— У него ейный портрет над кроватью висит. Большенный такой! Ей Богу!

Авдей Лукьянович опять сверкнул глазами, а племянник с изумлением воскликнул:

— Да ну!?

— Ей Богу! Вот те крест! — отвечала Игнатьиха и бросилась к самовару, который уже кипел.

Обмахнув пепел, она ухватила самовар и стремительно потащила его в столовую.

На столе, убранном ею и ярко освещенном лампою, стояли теперь коробки с закусками и сластями, водка и бутылки вина, коньяку и рома.

За столом сидела гостья все еще в мокром платье и на лице ее ясно отражалась растерянность и смущение.

Игнатьиха поставила самовар и еще раз обмахнула его передником.

— Вот как у нас, Татьяна Николаевна! — воскликнул Чуговеев и, отходя от печки, сказал: — пожалуйтс за хозяйку!

Игнатьиха вышла, качая головою.

— Ну что — спросил Федор Павлович, когда вернулась Игнатьиха.

— Чудак! Татьяной Миколаевной назвал и так-то ли учтиво! Тьфу!

IX

СТРАШНАЯ НОЧЬ

Гроза утихла, а потом опять надвинулась, и ночь была также темна. Дождь шумел за окном, и синяя молния время от времени озаряла ночной мрак.

Игнатьиха убралась, поужинала и села у стола, раскрыв дверь в ожидании, что хозяин позовет ее, но хозяин не звал и в комнатах стояла такая тишина, словно в них никого не было. Только изредка редким звуком звякала рюмка или чайная ложка.

Потом вдруг послышался голос хозяина:

— Пей! — кричал он пьяным голосом, — должна выпить! Вот так! — и затем раздался глухой смех, — это за упокой, а теперь за здравие! Пей!

И опять стало тихо, только шумел дождь за окном.

Игнатьиху охватил страх.

Снова послышался голос хозяина, и только его голос. Он говорил что-то быстро, горячо, иногда вскрикивал и вдруг как закричит:

— Шлюха ты подлая!

Игнатьиха вскочила и затряслась от страха. Ей показалось, что хозяин бьет свою гостью.

— Что ты со мной сделала? Что сделала? — кричал исступленно хозяин.

Игнатьиха крадучись выглянула в прихожую, тихо прошла в гостиную и из нее заглянула в столовую.

Гостья сидела откинувшись к спинке стула с лицом бледным как из воску, с широко открытыми глазами, которые с ужасом были устремлены на Чуговеева, а тот стоял перед нею, без пиджака, в одной жилетке, с сжатыми кулаками. Рябое лицо его было искажено, рот кривился, рыжая борода торчала щетиною.

— Смеялась! Надо мной смеялась! А-а! А теперь? Что

теперь будет? Нет, ты на него гляди, погляди на него, на милого на дружка! Каков он!

— Не могу! — чуть слышно донеслось до Игнатьихи.

— А ежели я хочу! Иди гляди! — и он вдруг кинулся на нее, ухватил ее за руку, рванул и поволок из комнаты.

Игнатьиха едва успела отскочить и притаиться за креслом.

Он с диким рычаньем пронесся со своею гостьей через гостиную, прихожую, в коридор.

Игнатьиха сидела за креслом ни жива ни мертва.

Вдруг из коридора раздался пронзитеный крик и дикий хохот хозяина. Что-то хлопнуло и гулом разнеслось по комнатам, на Игнатьиху пахнуло невыносимым смрадом ждановской жидкости. Она хотела бежать в кухню, но едва выдвинулась из-за кресла, как снова увидела хозяина и гостью.

Он опять тащил ее за руку и лицо его горело злобою, а она, едва успевая переставлять ноги, почти бежала, закрыв лицо свободною рукою.

— Не любишь, — хрипел Чуговеев, — а тогда любила, шлюха подлая!

Он втащил ее в столовую, а Игнатьиха прошмыгнула к себе и без сил опустилась на табуретку.

— Что ж это, Мать Пресвятая Богородица! — бормотала она, — он ее убьет! Совсем убьет! Али позвать молодцов!

Но потом она одумалась и, вместо того, чтобы бежать вниз, полезла за настойкою.

А из комнаты хозяина слышались уже стоны, звон посуды и пьяный крик.

— Моя ты теперь! И все! Вовек не прощу!.. Танька, Танюшка, и что ты с нами наделала. Что я, что ты? Мало смерти ему, подлецу! Ревешь! О нем! О нем, подлая! Так я ж тебя! Что, мало? Еще захотела! А-а-а! Вот тебе!

— Господи Владыка живота моего! — бормотала Игнатьиха и хлопала стаканчик за стаканчиком...

Сверкнула молния, загремел гром и с новой силою полился дождь...

— Милая, выпусти ты меня отсюдова! — услышала Игнатьиха тихий голос и открыла заспанные глаза. Перед нею стояла оборвашка. Лицо ее было бледно-зеленое, волосы кое-как приглажены, она старалась платком прикрыть разорванную у ворота кофту и жалобно говорила.

— Милая, выпусти ты меня отсюдова!

Игнатьиха молча поднялась с табуретки, шатаясь добрела до двери, молча раскрыла ее и только успела увидеть, как женщина скользнула в дверь и почти бегом спустилась с лестницы.

Игнатьиха захлопнула дверь и вернулась в кухню.

Корней уже стучал в двери.

Она впустила его и начала затоплять плиту.

— Ну, что было? — спросил Авдей Лукьянович, едва вошел в кухню.

— Уж и была возня! — сказал Федор Павлович. — Всю ночь. Не то дрались, не то в чехарду играли.

— Дрались! — в один голос сказали Степка с Яшкой.

Игнатьиха, хмурая и расстроенная, сухо ответила:

— А я ничего не слышала. Спала!

Авдей взглянул на нее исподлобья.

— А что теперь делают?

— А ты поди да посмотри, — отрезала Игнатьиха.

— В лавку, надо полагать, не придет, — сказал Антипка, и все принялись за еду.

Игнатьиха проводила молодцов, сходила за провизией и стала возиться на кухне.

X

ГОСПОДИН ЗА СПРАВКОЙ

Чуговеев весь день не был в лавке. Авдей Лукьянович чувствовал себя в ней полным хозяином.

Он даже шутил и смеялся с мальчишками, а своему племяннику не мешал говорить сколько угодно.

И без хозяина казалось не так мрачно в лавке, чему, быть может, содействовал ясный день.

Наступал уже вечер. Авдей Лукьянович приказал зажигать лампы, когда дверь отворилась и в лавку, свертывая зонтик, вошел высокого роста господин.

— Магазин Архипова? — спросил он.

Авдей Лукьянович выступил из-за прилавка.

— Бывший Архипова. Так точно-с! Что изволите?

— Скажите, пожалуйста, с месяц тому назад к вам не заходил от нас агент? — спросил господин.

— К нам их много ходит. Про кого изволите спрашивать?

Федор Павлович, Антипка и мальчишки вышли на середину лавки и окружили высокого господина.

— Комиссионер от Торнтона, — пояснил господин, — Валентин Викторович Полозов. Мы его сюда за расчетами посылали.

Федор Павлович быстро выдвинулся.

— Наш хозяин... — начал он, но Авдей так дернул своего племянника, что он сразу замолчал.

— Комиссионер от Торонтона был у нас действительно. Оставил счет и ушел. Сказал, дня через три будет, — сдержанно ответил Авдей Лукьянович.

— И не был?

— Больше не был.

— И денег не получил?

— Мы платеж изготовили, а его не было. А что?

— Да пропал! — ответил господин, — тысячи четыре получил денег и пропал. В нумерах сказали, что сначала приходил аккуратно, потом стал будто гулять, а потом пропал. В полицию заявили, а полиции что?

— Так-с, — равнодушно сказал Авдей Лукьянович, — бывает. Денежки получат и — ау!

— До свиданья, — сказал господин, — а хозяин когда бывает?

— Как придется. Днем почти всегда.

— Я зайду еще раз!

— Сделайте вашу милость, да и счетик очистить надо!

Господин ушел, а Авдей Лукьянович тихо засмеялся и потер себе руки.

XI

СОЖИТЕЛЬНИЦА ЧУГОВЕЕВА

Чуговеев совсем забросил лавку и только два раза, зайдя утром в кухню, наказал Авдею прислать с мальчиком всяких материй.

С того вечера, как он во второй раз привел убежавшую оборвашку, он совсем засел дома и жизнь у него закрутилась в каком-то пьяном безумном угаре.

Часов в двенадцать Игнатьиха бежала за Корнеем на двор.

— Иди, Корней, хозяин зовет!

Корней приходил и из рук хозяина, угрюмого, с отекшим лицом, получал деньги и записку, по которой шел на Средний проспект и закупал вино и закуску.

— Куда это ты каждый день? — спрашивал приказчик, увязывая корзинку.

— Хозяин свадьбу правит, — с усмешкой отвечал Корней и тащил корзинку домой, рассудительно отделяя от сдачи большую часть в свою пользу, а потом и вовсе не отдавая ничего хозяину.

Игнатьиха уже ставила самовар и день Чуговеева начинался, чтобы окончиться тогда, когда он истратит всю энергию, возбужденную безумием и вином.

— Иди чай пить! — ласково будил он свою недавнюю сожительницу, которая одетая лежала на широком клеенчатом диване.

Она открывала глаза и тотчас испуганно вскакивала и кое-как оправляла волоса и платье.

— Пожди, пожди, — говорил ей Чуговеев, — справлю тебе одежду всю. Барыней будешь!

— Не надо мне ничего, Никандр Семенович! — говорила она тихо.

Он делался темнее тучи и резко кричал:

— Опять по-старому! Не можешь выговорить! А?

— Никаша, — робко поправлялась она, и он широко улыбался.

— Вот так, моя любушка! Идем чай пить. Я и водки приготовил! — прибавлял он.

Они входили в столовую и оборвашка тотчас выпивала рюмку, отчего делалась смелее и подымала опущенную голову.

— Вот любо! — говорил Чуговеев, — совсем как муж и жена. Ишь! Ты не бойсь. Мы поженимся. У меня добра теперь много. Не то, что тогда! Тогда что? Так, голь, можно сказать. Тогда и любить не было за что. А? Так что ли?

— Оставь, Никаша, — вздрагивая говорила гостья.

— Оставь! Нет, ты скажи, так что ли? — приставал Чуговеев, выпивая еще рюмку и хлопая рукой по столу.

— Тогда франт этот куда лучше учителишки был! А? Лучше, — продолжал он, свирепея от своих слов, — его, учителишку, за нос водила, а того, фазана... У-у, подлая! — уже кричал он и тянулся с кулаками к своей гостье.

— Я уйду! Сил у меня нет — говорила она, и Чуговеев, еще не совсем пьяный, сразу смирялся.

Голос его принимал молящее выражение.

— Только не уходи! Танюшка, не уходи, золото мое, солнышко ты мое! Что я без тебя! Ведь, я тебя, Танюшка, девять лет ждал. Девять лет по тебе томился...

Он садился подле нее, брала, ее руки, гладил ее по лицу и говорил, говорил без умолку.

— Письмо ты тогда написала мне, я и ума решился. Найду и зарежу, думаю.

Таня выпивала рюмку и говорила:

— И зарезал бы. Лучше, чем такой быть. Чего не испытала я...

— Заболел я люто, и как выздоровел, ну — думаю — будь она счастлива с ним. Другом тоже звался. Подлец этакий! — вдруг вскрикивал он и хохотал. — Не бойсь! Теперь дождался.

— Ой, не говори! Молчи про это! — дико вскрикивала Таня и вся дрожала.

И так говорили они и пили, пили и говорили, пока не сваливались пьяные и усталые.

Наступала вдруг томительная тишина.

Игнатьиха успокаивалась.

Проходили часы, потом из спальной слышался сиплый крик:

— Игнатьиха, самовар! — и опять начиналось то же.

XII

АВДЕЙ ЛУКЬЯНОВИЧ ВЕДЕТ СВОЮ ЛИНИЮ

Чуговеев только что проснулся. Голова его была смутная, тяжелая; во рту горько. Он прошел в столовую, выпил водки, закусил коркой хлеба, и хотел, по обыкновению, будить Таню, когда на пороге комнаты увидел кланяющегося ему Авдея Лукьяновича.

— Здравствуй, — сказал Чуговеев, — что ж ты не в лавке? Или рано еще?

— Двенадцатый час, Никандр Семенович, — тихим ровным голосом ответил Авдей Лукьянович, — а только как без вас всяких делов накопилось, так я и пришел, чтобы тоисть поговорить.

— Какие дела еще? Продавай, обмеривай. Это ты с моим дядей, надо быть, проходил.

— Оно точно. Науку знаем, — спокойно ответил Авдей Лукьянович, переходя с порога в комнату, — а только без вас никак нельзя. Троица близко, товар нужен; проверку сделать; платежи тоже. Коли бы я мог...

— Ну и делай, — устало сказал Чуговеев, выпивая еще рюмку, — я тебе верю. Да и мне все равно.

— Оно точно, что я не обману вас, Никандр Семенович, а только доверия, словом, для делов недостаточно. Коли бы вы формальную доверенность...

— Бери формальную...

— Коли бы вы мне вот эту бумажку подчеркнули, — Авдей Лукьянович вынул исписанный им лист и осторожно подал Чуговееву, — для ясности. А то — упаси Бог, чтобы вы потом.

Чуговеев взял бумагу и равнодушно уставился в нее.

— Что ж я с ней делать буду?

— А подписать, Никандр Семенович! Подпись свою и — все.

— Что ж, это я тебе сделаю. Где перо?

Авдей Лукьянович словно чувствовал. Он быстро скользнул на кухню и вернулся с баночкой чернил и пером.

Чуговеев еще выпил.

— Доверяю, значит. На! — он обмакнул перо и вывел свою подпись на том месте, где Авдей Лукьянович держал грязный ноготь. — Вот.

— И потом как со счетом от Торонтона этого. Искал, а его нет, — сказал он, аккуратно складывая и пряча в карман бумагу.

— Какой еще счет? — нахмурился Чуговеев.

— От Торонтона. Тогда еще их агент приходил, а вы с им поздоровались и ушли.

— Тот! — воскликнул Чуговеев. — Валентин этот?

Он тихо засмеялся и подмигнул Авдею.

— Брось его! Не надо. Наплюй, и все! Сволочь...

Авдей Лукьянович твердо уставился взглядом на Чуговеева и медленно проговорил:

— Я собственно потому, что он ходит и теперь вас лично беспокоить хочет.

Чуговеев вдруг откинулся к спинке стула и лицо его исказилось. Через мгновение он спросил:

— Кто ходит?

— Агент от Торонтона, — с расстановкой ответил Авдей Лукьянович.

Чуговеев вдруг вскочил и ухватил за плечо Авдея и закричал:

— Врешь! Ты это нарочно! Он не может прийти!

Авдей освободил плечо.

— Теперь другой ходит, — тихо проговорил он, — и о том все спрашивает.

— Другой! — сразу успокоившись сказал Чуговеев и опять хитро улыбнулся. — Пусть спрашивает. Мне, что!

— К вам идти хочет...

— А пускай идет.

— Я к тому, что вам одно беспокойство будет, а вы лучше подпишите мне бумажки и все это я улажу, и его отправлю, — сказал Авдей, осторожно вынимая вексельные бланки и сгибая их по длине вдвое.

Чуговеев взял перо.

— Что подписать-то?

— А будто уплатили. Чеки. Я получу и передам.

— Чеки... — Чуговеев задумался.

Авдей замер, передав ему бумаги.

— Явится! Нет, брат, не явится! Не бойся, — вдруг сказал Чуговеев и тотчас словно очнулся. — Где подписать-то?

— Тут, тут и тут — поспешно указал Авдей.

Чуговеев подписал и отодвинул бумаги.

— Ну, и бери. А ему скажи, что тот уехал. Да! Фью! Совсем.

Авдей спрятал подписанные векселя и сказал:

— Они и то думают, что он собрал деньги и убежал.

Чуговеев сразу ожил.

— Убежал? Это они верно. Собрал и Убежал! Ха-ха-ха! Танька, Таня! — закричал он и шагнул в спальную.

Авдей Лукьянович выскользнул из комнаты и, проходя через кухню, сказал Игнатьихе:

— Неси самовар-то. Встал!

Он вышел на улицу и тихо, радостно засмеялся.

— Корней, — подозвал он дворника, который черпал ковшом из ведра воду и выплескивал ее на мостовую. — Вечером ужо сходи в участок и пусть здесь подпись хозяина засвидетельствуют. Понял? Я дам тебе рубль!

— Чего не понять, Авдей Лукьянович, — сказал Корней, принимая от Авдея бумагу.

— А ждановскую все покупаешь?

— Через три дня ведро. Ишь, даже здесь смердит.

— Крепкий запах! — сказал Авдей Лукьянович.

Он тихо пошел по Малому проспекту до 16-й линии и сел в конку, все время улыбаясь себе в бороду

— Опять этот от Торонтона был, — оказал Федор Павлович, когда тот вошел в лавку.

— Ладно! — ответил Авдей Лукьянович, и, к удивлению племянника, прошел к хозяйской конторке, зазвенел ключами, зашуршал бумагами и минут через пятнадцать, точь в точь, как хозяин, сказал:

— В 9 часов запрешь магазин, а я уеду!

— Хозяином стал, — сказал Антипка, едва вышел Авдей Лукьянович.

— А ты почем знаешь?

— Надо быть так, ежели Никандр Семенович совсем лавку оставили.

Авдей Лукьянович с полной хозяйской самостоятельностью поехал по разным складам и набрал товару.

Затем он пообедал в гостинице и в 6 часов подъехал к подъезду "Пале-Рояль".

— Афанасьев, Николай Игнатьевич, здесь остановился?

— Номер 48, — отвечал швейцар.

— Дома?

Швейцар взглянул на доску, на которой висели ключи и сказал:

— Надо быть дома!

Авдей Лукьянович степенно поднялся во второй этаж и постучал в дверь номера 48-го.

— Войдите!

Он вошел в номер и ему навстречу поднялся высокий господин, тот самый, что приходил справляться о пропавшем агенте.

— Доверенный из магазина бывшего Архипова, — сказал Авдей Лукьянович и улыбнулся, — не узнали-с?

— Признаться, да! С чем приехали? Чайку не хотите ли?

— Пожалуйста. По делам приехал, — ответил Авдей Лукьянович, степенно усаживаясь, — первое, по счетику уплатить, — и он вынул бумажник, — второе, на предмет товара. Выбрать кой-чего, и потом так...

— Отлично-с, сейчас чайку соорудим и все сделаем!

Он вышел распорядиться, а Авдей Лукьянович плотнее уселся в кресло и степенно расправил свою кудельную бороду.

Час спустя, коммисионер от Торонтона, провожал Авдея Лукьяновича и взволнованно говорил:

— Так вы уверены в этом?

— Помилуйте, Николай Игнатьевич, как можно в этаком деле уверенным быть. Думается так и приметы есть, — отвечал Авдей Лукьянович, вскидывая на комиссионера свои мышиные глазки.

— Я сегодня же поеду и заявлю!

XIII

ЧТО НАШЛИ В ЛАРЕ

Был ранний утренний час, когда Игнатьиха подняла отяжелевшую голову с подушки и раскрыла заспанные глаза от сильного, тревожного стука в дверь.

Она вскочила и торопливо отодвинула засов. В кухню вошел Корней и тревожно прошептал:

— Буди хозяина! Полиция идет. С обыском!

Игнатьиха перепугалась, сама не зная чего, и метнулась в хозяйские комнаты.

На диване, свесив голову, спала Таня в грязной нижней юбке с распущенными волосами, упавшими до самого пола.

На кровати лицом вниз храпел полуодетый Чуговеев.

Игнатьиха подбежала к нему и удала трясти его за плечо, крича:

— Вставай, хозяин, полиция пришла! Слышь, обыск!

Чуговеев поднял голову, раскрыл глаза и сел на постели.

— Позволите? — раздался из соседней комнаты вкрадчивый голос и на пороге спальной показался помощник пристава, а за ним несколько человек.

— Сделайте одолжение, — ответил угрюмо и спокойно Чуговеев, надевая пиджак. — С чем пожаловали?

Рядом с помощником стояли полицейский агент Патмосов и высокий господин, второй комиссионер от Тороптона. Из столовой выглядывали околоточный, понятые, а позади их толкались Федор Павлович, Антипка и мальчишки. Только Авдей Лукьянович остался внизу и там чутко прислушивался к шуму над своей головой.

— Вы, Никандр Семенович Чуговеев? — спросил помощник.

— Я самый!

— А это кто?

— Это? Игнатьиха, в услужении у меня. Стряпуха!

— Так-с. А это?

Чуговеев выпрямился и рябое отекшее лицо его приняло торжественное выражение.

— Татьяна Николаевна Сигина, — ответил он, — моя нареченная невеста.

Растрепанная, простоволосая Таня быстро отвернулась лицом к окну.

— Так-с. А паспорт у Татьяны Николаевны имеется?

— Паспорт? — повторил Чуговеев и кивнул. — Есть! Она по желтому билету живет. Ну, что? Довольно?

— Вполне, — сказал помощник, — а теперь позвольте нам осмотр вашей квартиры сделать.

— Для чего?

— В санитарных целях. Почему это у вас такой сильный запах?

— Ждановскою жидкостью пахнет, — угрюмо ответил Чуговеев, — для дезинфекции.

— Сильно уж очень. Так мы пойдем! — и помощник вышел из комнаты. Чуговеев двинулся было за ним, но остановился в столовой, налил в стакан коньяку, и разом опорожнил его. Потом вернулся в спальную и подошел к Тане, которая стояла, прислонившись к окну, и тихо всхлипывала.

— Найдут! — сказал он ей, не обращая внимания на стоящего у двери городового. — Ты не плачь. Ты со мной иди! Да! А теперь поцелуемся!..

Таня обернулась и вдруг, обняв его, уткнулась ему в плечо и зарыдала.

— Я... я, подлая... — вымолвила она.

— Ну, ну! — по угрюмому, рябому лицу Чуговеева скользнуло выражение неизъяснимой нежности, — оставь! Ты не суди меня.

И он нежно поцеловал ее в голову.

Городовой отвернулся...

В это время Патмосов прямо и уверенно вел помощника и комиссионера через прихожую в коридор и оживленно говорил:

— Душит-то, как душит! Три ведра в неделю! А? Позвольте-с! Вот ларь!

— Сходи за ключом! — сказал помощник.

— Не стоит, Василий Иванович! — остановил его Патмосов и обратился к дворнику: — возьми топор, да косарь и сбей пробой.

Корней открыл крышку ларя и все разом с легким вскриком откинулись назад.

Комиссионер поспешно вынул носовой платок и зажал нос.

— Бр!.. Ну и запах! — сказал помощник.

Ларь, оказалось, до половины был налит ждановскою жидкостью, а в ней лежала темная, студенистая масса, напоминавшая очертаниями своими фигуру согнутого человека.

Помощник пристава захлопотал.

— Вы, Ефремов, — говорил он околоточному, — идите в участок и по телефону прокурору, градоначальнику и в сыскное сообщите. Господа, прошу выйти! Очистите квартиру!..

А слух о страшной находке уже разошелся по кварталу, и любопытные запрудили улицу, лезли во двор, на лестницу, в квартиру.

— Слышь, студень сделал, — говорили в толпе.

— По кускам изрезал!

И, один чудовищней другого, слухи ползли со всех сторон и окутывали ужасом мрачный Чуговеевский дом.

Конец

Чуговеева осудили на 10 лет каторжных работ, но вместо Сибири он попал в больницу Николая Чудотворца.

Авдей Лукьянович стал хозяином лавки под той же фирмою "Торговый дом Б. А. Архипова".

На старый дом Авдей Лукьянович не позарился, и он стоит у Смоленского поля, покосившийся набок, готовый обвалиться, забытый, с выбитыми стеклами.

Кладбищенский сторож рассказывает, что по ночам он видит в окошке свет и слышит несущиеся оттуда стоны.

Проклятый Чуговеевский дом не скоро найдет себе покупателя.

ПРИМАНКА НА КРОВЬ

I

Они сидели в крошечном чуланчике, отгороженном от входа в цирк дощатою перегородкою и прилегавшем к конюшне, громко называвшемся "директорским кабинетом". За колченогим столом, на котором стояли бутылка водки, две рюмки и тарелка с хлебом, колбасою и ножом, в пальто и шапке, мрачно нахмурившись, сидел Матвей Степанович Воробьев, — по афишам "неустрашимый Гаэтано", — хозяин и директор цирка; у маленького окошечка, выходящего к дверям цирка, кутаясь в вязаный платок, ежилась от холода его подруга, Елена Курносова, — по афише "несравненная наездница Стелла", — а против Воробьева в расстегнутом пальто, в шапке, сдвинутой на затылок, верхом на стуле поместился клоун Гелотти, — в общежитии Яков Рябинин.

Он только что выпил рюмку водки и, прожевывая кусок колбасы, сказал:

— Кабы не был товарищ, давно бы уж отколотили тебя и бросили...

— Разве я не понимаю! — угрюмо ответил Воробьев, — а чем виноват? — город большой, губернский, цирк чуть не даром снял и — на! — он стукнул кулаком по столу. — Хоть бы кто...

— И погода собачья!.. — вставила замечание Стелла, — как тогда, в Твери...

Действительно, на площади, вокруг цирка, стояла непролазная грязь, и на эту грязь, разжижая ее, лил монотонный осенний дождь.

— Погода, наплевать! Завлеки публику — никакая грязь не остановит. Опера — вот что! Приехали подлецы и весь сбор отбили! Сколько вчера было?

85

— Двадцать шесть рублей, — ответила Стелла.

Воробьев выпил рюмку водки и отрезал кусок колбасы с такой яростью, словно резал нос первому тенору.

— Двадцать шесть! — воскликнул он, жуя колбасу, — оркестру — 10, освещение — 8, лошадям — 3 рубля! Вот тебе и барыш! За пять рублей и афиши, и билеты, и труппа, и помещение, и наряд полиции... У-у черт!

— До Рождества бы дотянуть, — мечтательно сказала Стелла.

Воробьев свистнул и махнул рукой.

— Сказала тоже! Уносить ноги надо. Вот что. Сделать сбор и дерка!

— А какой сбор?

— 860! Вот какой! Так-то бы, Яша, подрали. Любо два!

— Собери! — усмехнулся Гелотти.

На время наступило молчание. За дощатой стеной уныло лились дождевые потоки.

Вдруг хлопнула дверь, и у окошечка показался нос, прикрытый козырьком гимназической фуражки.

Стелла быстро отворила окошечко.

— Дайте два на галлерею!

— А мне четыре туда же! — раздался за плечом носатого гимназиста звонкий голос. Стелла отрезала билеты и наклеила кусочки марок.

— С вас 64 коп., а с вас 1 руб. 28!

Гимназисты заплатили и ушли. Стелла сказала:

— Вот и почин!

— И двух рублей не набрала, — заметил Гелотти.

— Одно спасение теперь, — вдруг сказал молчавший все время Воробьев. — Сегодня среда? — в воскресенье объявляю свой бенефис, и — полный сбор! Придумал!

Гелотти выпил рюмку и качнул головою:

— Так и повалят?!

Воробьев кивнул.

— Повалят! —уверенно сказал он, — я ее знаю, публику! Соберем и — марш! Ты, Яша, составь афишку. Номера позабористее. Я — воздушные полеты.

Гелотти сунул в рот кусов колбасы и встал.

— Бенефис — бенефисом, а деньги как? Я — наплевать, а вот Павлуша с Митькой совсем голодные, да и Францу надо глотку заткнуть.

— Бери, — махнув рукой, сказал Воробьев. — Елена, дай пятерку! А афишу составь. Завтра говорить будем!

— Ладно! — ответил Гелотти и вышел.

На полутемной арене цирка прыгали Павлуша и Митька, известные публике за братьев Alex.

— Держи темпу правильно. Ну! раз, два, три! гоп! — Митька прыгнул па подставленные Павлушкой руки, перевернулся в воздухе и с размаха ткнулся в живот Гелотти.

— Достал? — спросил он тотчас.

— Рубль имеешь, — ответил Гелотти, — и ты, Павел!

— А мне? — прохрипел из-за барьера Франц Тонти, показывающий на арене силу.

— И тебе! Вампа хочешь рубль?

— Понятно! — отозвалась из ложи Мария Коровина, высокая, стройная брюнетка, — кто от рубля откажется.

— И вот! — сказал Гелотти, — Матвей на воскресенье бенефис назначает. Говорит, сбор сделает. Так выпишите свои номера, а вечером мне дайте.

— Сделаешь тут полтора черта! — засмеялась Вампа.

— Все равно. Бенефис, пусть бенефис! — хрипло сказал Тонти, — ты, Машка, молчи!

— Митька, идем! — сделав последний прыжок, позвал Павлушка своего друга.

Следом за ними ушли и остальные.

Из конюшни вышел Ермолай и лениво стал убирать цирк к вечернему представлению...

Воробьев вдруг повеселел.

— Небось, Елена, сбор будет. Бросим все, и марш!

Стелла, дрожа, закуталась в платок.

— Пошли Ермолая за кипятком. Сдохнешь тут до бенефиса твоего!..

К окошечку опять подошли гимназисты. Только они и поддерживали...

II

В пятницу, с раннего утра дождь мочил и ветер трепал расклеенные и прибитые по всему городу, громадные трехцветные афиши. Посредине, во всю их ширину был изображен мужчина в трико, летящий с невыразимой грацией с одной трапеции на другую; а сверху аршинными буквами, со знаками восклицания и указующими перстами, красная строка оповещала, что в воскресенье в цирке состоится прощальный бенефис "неустрашимого Гаэтано"; после чего следовало перечислений всех ☐-ров программы; а на конце, — опять красной строкой: "небывалый трюк или прыжок дьявола", и точка.

Городская публика совершенно равнодушно проходила мимо афиш, но Воробьев не унывал и с такою уверенностью говорил о полном сборе, что она передалась и Гелотти, и всей труппе, возбудил их надежды и оживил их радостью.

Вся компания дружно переносила до сих пор неудачу и входила в положение товарища-хозяина, но дальше тянуться становилось трудно.

Беспечных братьев Алекс уже выселили из гостиницы, и они ночевали в цирке; Гелотти заложил последнюю имевшую ценность вещь — теплое пальто — и дрог в летнем; Францу уже не верили в буфете, а Вампа ухитрялась изворачиваться благодаря увлечению ею податного инспектора. Стефания — совсем голодна, сам Воробьев со своей Стеллой заложили все своя золотые вещи.

В этом спектакле было все их спасение и неудивительно, если с увлечением утомленных людей они ухватились за эту слабую надежду...

По окончании обычного представления Воробьев осмотрел цирк, сосчитал выручку, которой оказалось 32 рубля, и пошел со Стеллой домой, в гостиницу "Бристоль".

У себя в номере он переоделся и тотчас ушел, сказав Стелле:

— Ты не жди меня. Спи!

Он спустился в нижние комнаты, где находился буфет.

Гостиница "Бристоль" считалась лучшей в городе, и в ней всегда в полуночные часы можно было увидеть и гуляку-завсегдатая, и солидного семьянина, зашедшего поужинать из театра.

Хозяин гостиницы, стоявший за прилавком, дружески кивнул Воробьеву, сказав:

— Господину директору!

Официанты низко ему кланялись. Он чувствовал здесь себя в своей сфере и, здороваясь то с тем, то с другим, пробирался в комнату, откуда доносилось сухое пощелкивание костяных шаров.

Войдя в биллиардную, он поздоровался со знакомыми и, сев к столику, заказал водку, закуску и чай.

За другими столиками сидели военные, акцизный чиновник и контролер. На биллиарде играли белобрысый с вьющимися волосами губернаторский чиновник и с красным, обрюзглым лицом жандармский ротмистр.

Он с треском клал шары в лузы и сиплым голосом приговаривал:

— Это, душа мой, не баранья морда! — в угол направо! Это, ангел мой, не фунт изюма... в середину! — не ходи одна...

Воробьев пил, ел и в то же время зорко осматривался, когда его окликнул радостный возглас:

— Матвей Степанович! Как живете-можете? Как сборы у вас? В воскресенье именины празднуете?

Воробьев широко улыбнулся. Его-то ему и было надобно!

Перед ним стоял молодой человек с огромным горбатым носом, мясистыми ушами и шлепающими губами; раскосые глаза его разбегались в стороны, шарили, высматривали, искали. Одет он был в клетчатый пиджак, из кармашка которого торчал карандаш.

Воробьев приподнялся и горячо пожал протянутую ему потную руку с грязными ногтями на пальцах.

— Антон Борисович! — воскликнул он, — вот приятно! Сделайте одолжение, присядьте! Водочки, мадерцы, закусить?

Антон Борисович Вихрястый три года тому назад был

исключен из шестого класса гимназии, после чего, по его выражению, "всего себя посвятил литературе", избрав храмом служения местный "Листок", где вскоре упрочился в звании репортера. И, надо отдать ему справедливость, он, видимо, нашел свое призвание. Он обладал чуткостью собаки, увертливостью угря, наглостью полицейского и необычайной склонностью к вранью. Так или иначе, в три года он создал себе репутацию: в гостинице "Бристоль" он ел и пил за магическое слово "запиши!". В иных лавках за это же слово ему отпускали товар, два раза он был бит, полицеймейстер говорил ему: "И отчего вы ко мне в агенты не поступите?", а редактор "Листка" платил ему по две копейки.

Вихрастый кивнул Воробьеву и сел к его столику, тотчас застучав ножом по столику:

— Чел-ек! Водки, балык... знаешь! И бифштекс. Прожарь, смотри!..

— Ну, Антоша, какие новости? — дружески спросил его жандармский ротмистр, меля кий.

— Никаких! — ответил Вихрастый, — то есть ни-ка-ких! Весь город объехал. Впрочем, у Салазкиной собака сдохла. Филька!

— Катька отравила! Наверное! — сказал ротмистр и лег на биллиард, — дублет в правый угол! Черту в зубы, ведьме под хвост!..

— Ну, что же на бенефис придумали? — обратился Вихрастый к Воробьеву, наливая из графинчика рюмку. — Что это за "прыжок дьявола?"

— Прочли? — горько усмехнулся Воробьев и тут же мрачно нахмурился.

— Я да не прочту! — засмеялся Вихрастый, — мое дело на том стоит! — что же это за прыжок, а?

Воробьев тряхнул головою, потом понизил голос, и сказал:

— Мой секрет. Но ежели вы сохраните в тайности, вам скажу. От всех таю, а вам открою!

У Вихрястого, как испуганные мыши, разбежались в стороны глаза; он отставил рюмку, прижал руку к жилетке и сказал, шлепая губами:

90

— Как честный человек, — могила!

Воробьев опустил голову. Вихрастый впился в него одним глазом и нетерпеливо ждал.

— Ну!

Воробьев тяжело вздохнул и глухо произнес:

— Убиться хочу! Насмерть! Вот что. Только вы никому...

Вихрастый ждал всякого объяснения, но не таких слов. Он откинулся и на мгновение его глаза даже приостановились. Потом он словно очнулся и широко улыбнулся.

— Шутите, милейший, — сказал он. — Из каких резонов? Через почему?..

— А потому, — решительно и мрачно ответил Воробьев, — что жить невмоготу стало. Много причин накопилось... Верное сердце... насмеялась... Мы тоже люди!.. — Воробьев ударил себя в грудь, — живи и наслаждайся!.. А я... мне один конец! Влезу на самую высокую трапецию, раскачаюсь, и башкой вниз! 8 саженей. Вот вам и прыжок! Пьем, Антон Борисович! — круто оборвал он, — я эти два дня помин души правлю!..

Вихрястый машинально чокнулся с ним и машинально выпил водку.

— Так вы серьезно?

— Такой вещью у нас не шутят, Антон Борисович, — сурово ответил Воробьев, — выпьем еще!

Вихрястый сглотнул и вторую рюмку. Глаза его то сходились у переносья, то разбегались в разные стороны, ноздри раздувались, и огромный нос дергался, как у собаки; в голове вихрем проносились мысли: "двести строк... заплатит по три... а шуму-то... в Петербург корреспонденцию... решительный парень... н-н-да".

— Матвей Степанович, — заговорил он ласковым, просящим голосом, — дорогой мой, я давно интересовался вашей артистической деятельностью. Расскажите мне что-нибудь.

— Для некролога, значит, — горько усмехнулся Воробьев, — что же! Пожалуйста. Выпьем поначалу только. Мадерцы угодно? Напоследях! Эй, милый друг, бутылочку мадерцы!..

Дым носился по комнате клубами, шары щелкали,

раздавались возгласы, все это заглушил шум оркестра, а Вихрястый, склонив над столом голову, быстро писал под тихий говор Воробьева, и казалось, что он водит по бумаге не карандашом, а носом...

III

Воробьев уже спал у себя в номере, а Вихрястый все еще оставался в гостинице, наслаждаясь эффектом, который он производил своей ошеломляющей новостью.

— Вот спрашивали, что нового, — обратился он к жандармскому ротмистру, — а сами подле самой этой новости толклись да не узнали!

— Что такое?..

— А исповедовался мне сейчас господин этот, Воробьев, содержатель цирка. Он же и Гаэтано...

— Это, который на трапеции?..

— Он самый!.. А вы не знали, — победоносно сказал Вихрястый. — Так вот: послезавтра его прощальный бенефис с "прыжком дьявола!" А знаете, почему "прощальный"? Что это за "прыжок дьявола", а?

Вихрястый вытер жирные губы краем скатерти, встал от стола и, понизив голос, сообщил тайну Воробьева.

— Врешь! — воскликнул ротмистр.

— Люди не врут, говоря такие вещи, — строго сказал Вихрястый и прибавил, — руки трясутся, голос дрожит, водки два графина выкачал и ни в глазу! Нет, так не врут...

— То-то он сидел такой грустный! — с чувством произнес белобрысый чиновник.

— Ах, черт возьми! — сказал ротмистр, — это не миногу съесть! Пойду, обязательно пойду! А! Башкой вниз!..

— Крак-к! — крикнул Вихрястый, выразительно стукнув кулаком по ладони.

— Здорово! — сказал еще раз ротмистр и обратился к белобрысому: — ну, еще одну на контру!..

Вихрястый выскользнул из биллиардной и пошел по залам, то здесь, то там присаживаясь к занятому столику.

И тотчас почти, едва он садился, раздавался возглас:

— Да врешь!

— Такими вещами не шутят... — слышался голос Вихрястого...

* * *

— Акцизный надзиратель Фишкин, вернувшись из "Бристоля" поздней ночью, и, укладываясь в постель подле жены, не побоялся разбудить ее, и, когда она, проснувшись, начала обычное вступление:

— И избавлюсь ли я от такого мер...

Он быстро перебил ее:

— В воскресенье в цирке сам хозяин с трапеции башкой вниз лететь будет!

Жена перевернулась набок и с раздражением сказала:

— Что ты бормочешь? Кто полетел? Куда?

— Башкой в землю. Крак-к и готово! — и Фишкин рассказал последнюю новость.

— Врешь ты все, — с недоверием сказала жена.

— Такими вещами, матушка, не шутят, — внушительно ответил он.

На другой день, утром, перед началом уроков, угрястый гимназист с жаром передавал всем, что такое значит "прыжок дьявола" на бенефисе Гаэтано.

— Черт побери, — сказал носатый гимназист, — там саженей 10!

— Двенадцать! — уверенно ответил угрястый и убежденно прибавил, — насмерть!

— Вес тела, умноженный на скорость падения, — сказал миловидный блондин, и лицо его вспыхнуло, — голова вдребезги!

— Как черепок! — возбужденно воскликнул носатый, и ноздри его раздулись.

93

— А может быть, это все враки, — заметил рыжий еврей и шмыгнул носом.

— Такими вещами, брат, не шутят, — авторитетно заявил угрястый гимназист.

В акцизном управлении эту новость рассказывал Фишкин; в канцелярии губернатора — белобрысый чиновник; на вокзале — жандармский ротмистр, а Вихрястый сидел перед редактором, который из вороха газет ножницами и клейстером составлял свой листок, и говорил:

— На утро я дам вам крошечную заметку, с намеком, понимаете, а завтра 250 строк! Случай необыкновенный. Я уже все написал, оставил только пробелы... знаете: — какой костюм, как он ударится, ну и самый кончик. Может быть, не сразу.

— Ну, ну, — пробурчал редактор, с ловкостью цирюльника выстригая из газеты 15 строк, — так вы сдайте в типографию теперь. Завтра, поди, пьяны будут.

— Хорошо! Только на этот раз, — сказал Вихрястый, облизываясь, — три копейки!

Редактор собирался наклеивать "новости" и остановился, держа в руке кисть с клейстером.

— С ума вы сошли? — проворчал он.

— Исключительная новость!.. У вас с кисти капает. Наброски!..

— И пусть капает! — сердито воскликнул редактор и, вытерев брюки, сказал уже спокойным голосом: — я вам лучше дам, вместо денег, свои брюки! Вот!

— Эти?

— Нет, те в клетку... знаете?

Вихрястый кивнул.

— Что с вами поделаешь. Так я снесу!

— Несите! — и редактор погрузился в наклейку вырезок, а Вихрястый радостно помчался в типографию...

Вампа с волосами в папильотках, в драной юбке и розовой кофточке, расстегнутой на груди, а Франц Тонти, в брюках и рубашке, с отстегнутыми подтяжками, только что кончили свой незатейливый обед и собрались пить кофе с хлебом, как в коридоре послышались кашель, отплевыванье, тяжелое сопенье и в дверь их номера раздался легкий стук.

— Пузатый черт, — шепнула Вампа, вставая, крикнула звонко, — входите! — и быстро шмыгнула за ситцевую занавеску, скрывавшую семейный альков.

В номер, пыхтя и сопя, ввалился толстый и неуклюжий, как носорог, податной инспектор и, сунув Францу руку, тяжело хлюпнулся о кресло.

— Здравствуйте, здравствуйте, — прохрипел он, — а Машенька скрылась. В безбелье, видно! Хо-хо-хо! Выходите, Вампочка!

— Сейчас с репетиции — ответил Тонти, — только что пообедали.

— Здравствуйте! — крикнула из-за занавески Вампа. — Сигизмунд, открой пиво!

— Я так зашел, на ейн минут, — сказал гость, — что я слышал, правда?

— Что вы слышали? — спросила, выходя, Вампа.

— Будто ваш хозяин... того? — гость поднял короткий палец и быстро опустил его вниз, словно втыкая.

— Хозяина у нас никакого нет, — пробурчал Тонти, — я вас не понимаю.

— И я тоже, — сказала Вампа.

— Ах, Бог мой! Гаэтано этот, башкой с трапеции полетит. В воскресенье...

Тонти угрюмо ответил:

— От нашей жизни полетишь!

— И очень просто, — добавила Вампа, ничего не понимая.

Податной тотчас поднялся.

— Куда же вы? А пива?

— Некогда! Я ведь из присутствия прямо. Обедать надо. Завтра приду в цирк на вас, Вампочка, смотреть!

— Конфет принесите!..

— Известно, как всегда... ну, до свиданья! — он сунул им свою короткую толстую руку и, сопя и кашляя, вышел.

У местного бригадного генерала Козлятова, кроме жены, очень тонной дамы, было еще три дочери; Тимочка, уже целый год стремившаяся замуж, отчего лицо ее всегда было украшено прыщиками и густо засыпано пудрой; Римочка, имевшая всего еще от роду 23 года и представлявшая "бутон", и Симочка, в этом году окончившая гимназию и считавшаяся резвым ребенком.

Вполне естественно поэтому, что у Козлятовых каждую субботу собирались "повеселиться", и генеральша улавливала на эти вечера всякого, дающего хотя малейший шанс на партию.

В эту субботу все гости особенно долго просидели за вечерним чаем, оживленно беседуя о прощальном бенефисе в цирке.

— Это ужасно интересно, — закатывая глаза, говорила Тимочка, — даже подумать, так дух захватывает. Я упаду в обморок!

— Я буду подле вас и поддержу вас! — прошамкал лысый председатель управы.

— А вам не страшно? — и она кокетливо передернула костлявыми плечами.

Генеральша с снисходительной улыбкой взглянула в ее сторону. Председатель, кажется, уловлялся...

— Страшно! — жмуря глазки и тряся головою, как лошадь от оводов, взвизгивала Римочка, — и ужасно интересно! Я непременно закрою глаза и сразу открою! — и она зажмурилась, а потом открыла глаза и окинула лучистым взглядом штабс-капитана Нелепо, который в смущении только крякнул и покрутил свой ус.

— Губернаторша, наверное, будет, — сообщил белобрысый чиновник с видом государственной тайны.

— Мама, с утра пошли Анисима! — крикнула с конца стола Симочка, — а то все места разберут!

— Вас все равно не возьмут, вы маленькая, — поддразнивал ее поручик.

Симочка встряхивала головою.

— Я убегу и проберусь в цирк все равно!

— Вас дома накажут...

— А я домой не вернусь! К вам убегу, — и она задорно смеялась. Через минуту она спрашивала:

— А как вы думаете, он сразу умрет?

— Если головой вниз, то сразу!

Носатый гимназист с жаром доказывал подруге Симочки, что полиция не может помешать Гаэтано разбиться насмерть, а подруга Симочки стояла на том, что полиция все может.

Генерал говорил хриплым басом:

— Я помню, как в Астрахани один через солдат со штыками прыгал, и напоролся... Впечатление сильное!..

— Вы будете? — опрашивала у генеральши жена прокурора.

— Придется, — отвечала со вздохом генеральша, — вы видите, дети требуют! Но мои нервы...

Вдова Сигова жала под столом ногу юного поручика и говорила ему:

— Из цирка вы меня домой везете. Я буду совсем, совсем без сил...

— Интересно, очень интересно!.. — повторял батарейный командир, — ха-ха! Прыжок дьявола! Ловко!..

И все сходились на том, что это — ужасно, но все-таки — интересно, и что непременно надо пойти на этот "удивительный" бенефис...

IV

В воскресенье погода удалась на славу. Был ясный, светлый день и легкий мороз сковал грязь на площади.

Около цирка царило небывалое оживление. Штатские, военные, гимназисты и реалисты, группами входили в двери цирка и останавливались в хвосте длинной вереницы людей, стоящих перед окошечком с надписью "Касса", из которого раздавался звонкий, веселый голос Стеллы.

Она едва успевала отрезать билеты и принимать деньги.

Сидевшая позади нее бледная Стефания торопливо наклеивала марки.

Сам Воробьев то входил в каморку, то выходил из нее, отдавая приказания Ермолаю, на помощь которому он нанял еще двух, и братьям Алекс, явившимся его добровольными помощниками.

— Ты, Павлуша, уже все время следи за ними! — говорил Воробьев. — Лампы заправили ли? Опять, отрубями чтобы арену посыпали! А ты, Митя, значит, все оборудуешь. Пива, водки, колбасы больше, сыру. Сласти возьми. Понял?

— Чего ж мудреного?

— Так иди! А, Семен Фомич! Ну, ну, устраивайтесь.

Бакалейщик, заплативший Воробьеву за этот вечер тридцать рублей, позвал своих молодцов и занялся устройством буфета.

Воробьев ликовал в душе, но наружно сохранял угрюмый, степенный вид.

Когда, он проходил мимо ожидающих очереди, в толпе раздавался шепот:

— Он? Он и есть.

— Действительно, в лице, знаете, решимость! Обреченный!

— Говорят, роман у него. Любовь.

— Жена изменила. На прошлой неделе убежала. Любил до безумия...

— Дьявол тебя возьми, — сказал Гелотти, входя в "директорскую", — по-твоему вышло. Будет полный сбор!

Воробьев только усмехнулся.

— Просто и в ум не возьму, — обернувшись сказала Стелла, — со вчерашнего дня народ пошел. И идет, идет...

И когда наступил час начала представления, Стелла с сияющим лицом воскликнула:

— Билеты все проданы!

— Лишь бы шли. Впустим и без билетов, — засмеялся Воробьев.

Вечером, при освещении 120 лампами, с чистой, аккуратно посыпанной песком и опилками ареной, наполненный

98

зрителями, оглушаемый музыкой местного оркестра из 12-ти музыкантов, цирк имел нарядный, праздничный вид.

Все чувствовали себя взволнованными. Тимочки, Римочки и Симочки, заняв передние места в ложе, на все стороны кивали головами, как фарфоровые куклы и тарантили, как сороки.

К ним подошло несколько офицеров.

— Откуда он упадет? — спрашивала громко Симочка.

— Сверху! — сострил поручик и захохотал.

— Грубиян, — сказала Симочка.

— Я думаю, будет стук, — томно говорила Тимочка, — я тогда открою глаза.

Римочка толкала генеральшу и говорила:

— Смотри, мама, дура Анфисова в декольте приехала. Это в цирк-то!..

— Высоко, да! — басил генерал, стоя внизу в креслах.

— И обратите внимание, ваше превосходительство, — говорил адъютант, — голая земля. Никаких настилок.

— Если я здесь, — говорила жена прокурора жене губернского казначея, — то единственно для наблюдения нравов. Какая жажда крови! Ужасно! Я напишу в Петербург своему другу Шавкину и он сделает корреспонденцию.

— Я сама возмущаюсь, — отвечала жена казначея, — я сказала мужу: Жан, мне это противно. Но сама губернаторша. Вы понимаете...

— Тссс...

И сама губернаторша, обворожительно кивая налево и направо, опустилась в кресла у барьера ложи и, приложив лорнет к глазам, стала обводить вокруг рассеянным взглядом.

В уборных и конюшне царило оживление. Павлуша с Митькой уже надели свои балахоны, вымазали мукой лица, провели кармином полосы до ушей и превратились в "любимцев публики, веселых братьев Alex", Вампа ходила по конюшне в костюме жокея и податной инспектор, сопя и кряхтя, не сводил глаз с ее ног, обтянутых шелковым трико.

Стелла в коротенькой юбочке уже сидела на доске седла

высокой лошади, которую Гелотти держал под уздцы, словно надо было сдерживать ее ретивость.

И у всех были веселые лица; со всех сторон раздавались смех и шутки.

Полный сбор радует даже избалованных удачей артисток.

Воробьев взял в руки колокольчик.

— Готова?

— Готова! — ответила Стелла, оправляясь и хлопая по шее лошадь.

— Тогда с Богом!

Он заболтал колокольчиком. Оркестр грянул. Занавес раздвинулся и Гелотти выбежал с лошадью.

Представление началось.

V

Говоря по правде, представление мало чем отличалось от таких же представлений в столичных цирках. Оркестр играл вальс и галоп, лошадь, хрипя и встряхивая головою, грузно и лениво скакала вокруг арены, Гелотти покрикивал и щелкал длинным бичом, а Стелла приседала, поднимала то одну, то другую ногу, принимала грациозные позы и, наконец, прыгала через полотнища коленкора и сквозь обручи, обтянутые тонкой бумагой.

Гелотти выходил с дрессированными собакой и кошкой, братья Alex потешали публику оплеухами, а Франц Тонти изумил всех своей силой; затем скакала Вампа, беря барьеры и гикая, спрыгивая на арену и вскакивая с разбега на спину лошади; Стефания ходила по проволоке...

Все, как везде. С видимой бедностью выдумки, с невидимым, постоянным риском искалечиться.

Время приближалось к последнему номеру, к упражнениям Гаэтано, и напряженное состояние видимо подымалось среди зрителей.

Братья Alex в качестве музыкальных клоунов сыграли на гармонике и гитаре, проплясали казачка и удалились.

На время наступил перерыв.

Затем они же, уже переодетые и умытые, вышли на арену и молча, сосредоточенно, стали приготовлять приборы для номера.

Они отвязывали веревки, приводили в движение блоки и друг за другом с крепких стропил цирка, сверху из черной ямы, качаясь, спускались трапеции. Сперва одна, потом другая. Затем в противоположных концах цирка спустились две площадки, которые тотчас веревками, притянутыми к барьеру, были установлены неподвижно. И, наконец, опустился толстый канат и вытянулся, как огромный шест подле площадки.

Приготовления окончились.

В цирке наступила тишина. Губернаторша смотрела на слегка колеблющиеся в воздухе трапеции, и от них переводила взгляд вниз, на арену. И все делали тоже.

— Это прямо ужасно будет, — шептала уже без всякого жеманства Тимочка.

— Да-с, номер! — озадаченно бормотал председатель управы.

Симочка теребила рукав поручика:

— Как вы думаете, он сразу?..

— Нет, вероятно что-нибудь покажет... Нельзя же так.

Вихрястый вертелся подле редактора и, шлепая губами, шептал:

— Уж и статья! Муар-антик! Суперфлю! Я уверен, что меня в Петербург пригласят.

— Ждите!

— Тссс...

Раздался звонок, и на сцену двумя легкими прыжками выбежал Гаэтано.

Цирк огласился громом рукоплесканий. Дамы перевесились через борты лож, чтобы лучше рассмотреть его, а он, подтягивая кушак и оправляя корсаж, весело кланялся на все стороны и задорно улыбался галерее.

На нем было оранжевое трико, охватывавшее его стройные

ноги; красноватая мойка и черный корсаж в серебряных блестках.

Он поклонился еще раз, и легкими шагами подошел к канату.

Зрители жадно следили за каждым его движением. Вот, он поднялся на площадку и стал отвязывать шнурки, притягивающие трапеции.

На противоположной площадке, пройдя через оркестр, стоял Гелотти и делал то же самое.

Гаэтано вытер платком руки и ухватился за трапецию.

Он с размаху качнул трапецию от себя, и она стала плавно описывать в воздухе дугу.

Гаэтано подпрыгнул.

— Галло! — и, метнувшись по воздуху, ухватил свободную трапецию и вскочил на площадку рядом с Гелотти.

— Галло! — и метнувшись снова, он опять птицею перелетел над ареною цирка, и уже стоял на своей площадке, кланяясь и вытирая платком руки.

— Браво, Гаэтано! — заревел кто-то сверху.

— Браво, браво! — и со всех сторон стали кричать и хлопать.

Гаэтано снова притянул к себе трапецию и потер руки тальком.

Цирк замер.

— Верно, теперь, — прошептала Симочка, бледнея.

— Галло! — раздался среди наступившей тишины возглас Гаэтано, и все зрители вскрикнули вслед за ним в один голос, но никакой катастрофы!

Он только перевернулся в воздухе, перелетая с одной трапеции на другую.

— Галло! — и то же самое назад. Он выпустил трапецию, сделал в воздухе полный оборот и снова уже стоял на своей площадке, спокойный, улыбающийся, вытирая руки платком, а трапеции плавно качались в воздухе, то сближаясь, то расходясь.

Среди публики пробежал возбужденный шепот.

102

— Что это? — спросила Римочка. — Смотрите, верно — теперь.

Действительно, что-то готовилось. Гелотти ушел, и площадка была убрана.

Друзья суетились внизу, подняв кверху головы, а Гаэтано сверху, перегнувшись с площадки, отдавал им приказания.

И вот, друг за другом, сверху начали обрываться и опускаться трапеции, одна ниже другой.

Гаэтано крикнул и ловким прыжком сел на свою трапецию. Площадку, на которой он стоял, убрали в сторону, и он витал теперь над ареною на высоте 8 саженей, беспечно вытирая руки, приложась плечом к колеблющейся веревке трапеции.

Потом он решительным движением бросил платок вниз, сел посередине палки и ухватился руками за веревки. Музыка заиграла.

Он начал качаться, делая все большие и большие размахи.

— Раскачается, и трах! — сказал носатый гимназист.

— Молчи! — остановил его товарищ, и все замерло.

Размахи трапеции все увеличивались. Он вдруг перевернулся и повис на упругих руках, выгнул стройное тело, словно летая по воздуху.

— Ах! — воскликнула генеральша и закрыла глаза.

Он оторвался от трапеции полетел вниз, а когда генеральша открыла глаза, он уже держался за другую и раскачивался на ней.

И снова перелет через всю арену и на конце широкого взмаха он снова полетел вниз, схватываясь за палку следующей трапеции, и раскачивался снова. Наконец, с громким возгласом он выпустил последнюю трапецию и, перевернувшись два раза в воздухе, стал на арену и поклонился публике, вверху раздались оглушительные рукоплескания, но сидящие внизу с недоумением переглянулись и деланно улыбнулись.

Губернаторша резво поднялась с места и оставила ложу.

Вихрястый с яростью поднял руку с зажатым карандашом.

— Что же это он? Обман, мошенничество?..

— Прохвост, а не репортер, — шипел редактор.

— Но он так уверил меня, — начал Вихрястый и вдруг, вспомнив ускользнувшие от него брюки, заскрипел зубами. — Я же покажу ему!

— Возмутительно, — продолжал бурчать генерал, — наглый обман.

— В Америке потребовали бы деньги обратно, — сказал белобрысый чиновник.

— И хорошо, что надул! — сказал носатый. — Давай, братцы, вызовем его!

— Валяй! Га-э-та-но! — заревели с галереи.

Только галерея отнеслась иначе к окончанию головоломных полетов.

— Подлец этакий! — выругался жандармский ротмистр, — два рубля вытащил! — и тут же обратился к знакомому чиновнику, — пойдем что ли в "Бристоль", промажем партийку?

— Пойдем, — согласился чиновник.

VI

Цирк опустел. Публика расходилась и разъезжалась, возмущенная "обманом" и в душе чувствуя себя одураченной.

И едва цирк очистился от публики, как братья Alex с Ермолаем и его помощниками втащили на арену стойки, уложили на них доски и торопливо стали таскать бутылки и свертки:

Артисты переоделись и столпились вокруг стола.

— Здорово! — хрипел Франц Тонти. — Полный сбор! Хи-хи-хи!

— Молодец, душка, Матвей Степанович! — кричала Вампа.

— За здоровье Гаэтано! Ура! — и все полезли чокаться и целоваться с счастливым Воробьевым, после чего с жадностью начали пить и есть.

Давно уже среди них не царило такого согласия и веселья.

— Еще бы разок! — сказал Павлуша.

— Врешь, — заметил Воробьев, — этот номер проходит всего один раз! Теперь завтра же уезжать надо!

— Верно! — сказал Гелотти, — публика не любит оставаться в дураках.

— Им, подлецам, моя смерть нужна была! Дорого стоит, не по карману! — захохотал Воробьев. — Гляди, сама губернаторша прикатила!

— Что? Все были!

— Дураки!

— И ничуть не дураки. В крови это у них. Наш брат шею свернет — им потеха. Я думаю, и ходят-то они смотреть на нас, надеясь: "а вдруг?"... Ей-Богу! Мне тут один рассказывал, как Семенов, — помните, Семенов, — прыгнул? Голову разбил. Так даже глаза заблестели у мерзавца.

— Чего! — хрипло сказал Тонти. — Все на один лад. Помню у нас Васюткин с лошади упал, а лошадь его копытом в голову. И кровь, и мозги. Насмерть! Так барыни нагибались и в песке мозги искали. Вот шкуры-то!..

— Ну, шут их дери! Дали нам заработать. Пей, братцы, и завтра в дорогу!

На другой день труппа покинула город, да и оставаться им нельзя было, потому что губернатор приказал им выехать из города в 24 часа.

ПРОПАВШИЙ АРТЕЛЬЩИК

I

Когда Патмосов вышел проводить своего помощника-любителя Пафнутьева в переднюю, тот уже надел пальто, пожал руку хозяину и двинулся к дверям. Патмосов задержал его:

— Подожди минутку. Мне несут телеграмму!

Удивленный Пафнутьев остановился, горничная поспешила открыть дверь, и на пороге действительно показался телеграфный рассыльный.

— Патмосову!

— Давай сюда, — сказал Патмосов, черкнул карандашом на расписке свое имя, дал рассыльному монету и двинулся к кабинету, говоря Пафнутьеву:

— Войди на минуту! Ничего, что в пальто. Ну, куда зовут?

С этими словами он включил электричество, подошел к столику и развернул телеграмму.

— "Нужны немедленно. Дело, Нежин. Богучаров", — прочел он и засмеялся. — Ну вот, ты тосковал без дела.

— При чем же тут я? — уныло заметил Пафнутьев.

— Непременно и ты! — воскликнул Патмосов. — Ты мой ученик, без тебя нет "школы". Ха-ха! — он развеселился. — Ну, начнем с газеты. Смотри поезда.

Он заглянул Пафнутьеву через плечо и сразу нашел справку.

— Отлично! Я еду в четыре курьерским. А ты — с вечерним. Снимешь в гостинице, там одна, дешевый номер и жди меня. Понял? Ну, иди!

Пафнутьев просиял от удовольствия и горячо пожал руку Патмосову.

В дверях он приостановился.

— Скажите, Алексей Романович, как вы узнали, что несут телеграмму?

Патмосов засмеялся.

— Эх, простота! Я живу на самом верху. Если кто идет сюда, значит, ко мне. Раз. Теперь одиннадцать часов. В гости ко мне мало кто ходит, и час для гостя поздний. Если по экстренному делу, то человек бежал бы, а этот шел типичной поступью рассыльного. Почтальону — поздно; посыльному тоже. Значит...

— Телеграмма! — окончил Пафнутьев.

— Ну, вот! Подумаешь, так и хитрости никакой нет. Ну, иди!

II

Было девять часов прекрасного летнего вечера, когда Патмосов приехал в Нежин. Оставив свой чемодан на вокзале у сторожа, он спросил дорогу в контору постройки и пошел пешком.

Контора помещалась на лучшей улице города и занимала дом, нанятый у местного богатого помещика.

Миновав красивый решетчатый деревянный забор с крепкими воротами, Патмосов вошел в открытую калитку и очутился на широком дворе. Справа стояла сторожка и, видимо, баня; слева — конюшня и два сарая, а прямо перед воротами красовался прочный дом в два этажа, с резным крыльцом.

Патмосов поднялся по широкой лестнице на крыльцо и остановился у запертой двери, на которой была прибита жестяная дощечка с надписью: "Контора".

На его звонок дверь распахнулась, и молодой, рослый парень, заслонив дверь, спросил:

— Вам кого?

Патмосов сказал.

— Кто там, Василий? — послышался оклик, и на пороге освещенной комнаты показался среднего роста, крепкий мужчина в чесучовой паре.

Он приблизился и тотчас радостно воскликнул, протягивая обе руки:

— Вы, Алексей Романович! Вот, спасибо! Я, признаться, вас раньше, чем завтра, не ждал. Василий, устрой самовар, ужин, вино подай; да живей!

Богучаров взял под руку Патмосова, провел его через небольшую, темную комнату, потом через просторную канцелярию и ввел его в свой кабинет.

У широкого окна стоял письменный стол, рядом — этажерка, по одной стене — чертежный стол, по другой — широкий оттоман и комод.

На столе ярко горела лампа и лежали листы исписанной бумаги.

— Это мой кабинет и спальня, — пояснил Богучаров, — а здесь столовая и тоже спальня! — он провел Патмосова в смежную, освещенную висячей лампой комнату, где стояли буфет, обеденный стол, стулья и такой же, как в кабинете, оттоман.

— Вы здесь и расположитесь, — сказал он Патмосову, — а теперь садитесь. Сейчас за едой и поговорим.

Тем временем Василий, осторожно ступая, входил в выходил, приготовляя стол для ужина.

— Мой Личарда, — сказал шутливо Богучаров Патмосову, указывая на Василия, — смышлен, каналья, мастер на все руки и мне предан без лести.

III

Патмосов с аппетитом поужинал.

Василий разлил чай. Богучаров подвинул ром и коньяк, предложил сигару и сказал:

— Ну-с, а теперь о деле!

Патмосов покосился на Василия, который расстилал теперь постели, но Богучаров тотчас же успокоил его:

— В моем рассказе секретов нет, а и будь они — Василий свой человек.

Патмосов кивнул.

— Вот какое у нас дело, — сказал Богучаров и начал свой рассказ: — Надо вам объяснить, что мы от Московско-курско-воронежской железной дороги проводим ветки Конотоп-Пироговка, Рыльск-Суджа, Круты-Чернигов и Круты-Пирятин. Я заведую всеми работами, и здесь у меня помещается центральная контора. Тут у нас и касса, а в кассе несгораемый сундук, но в нем я обычно не держу больших денег. Тысячи две, три. Все же расчеты с подрядчиками я произвожу чеками на киевское отделение коммерческого банка и, когда нам бывают нужны большие деньги, беру оттуда же.

Патмосов кивнул. Богучаров отхлебнул из стакана и продолжал:

— Такие случаи бывают два раза каждый месяц. Первого и пятнадцатого — расчет с рабочими. Берем тысяч до тридцати. И двадцатого — расчет со служащими, тысяч двадцать. В этих случаях едет наш артельщик в Киев, берет из банка деньги и привозит сюда, в сундук, и лежат они у нас не дольше, как двенадцать, четырнадцать часов. До Киева сто шестьдесят верст. Утром он уедет, а в девять или одиннадцать часов уже назад.

Патмосов допил чай. Василий неслышно взял у него стакан и налил свежего чаю, после чего почтительно отошел в сторону.

— Можешь идти теперь, Василий, — сказал Богучаров.

Он встал, проводил Василия и, вернувшись, продолжал:

— 25-го мая я, видите ли, в Москву уехал и вернуться мог не раньше, как числа 5-го, 6-го. Ну, а 1-го расчет, да еще надо было одному человеку здесь двенадцать тысяч отдать. Я, уезжая, и выписал чеки — на двенадцать и на двадцать тысяч. Всего на тридцать две. И уехал. Приезжаю домой сюда, и что же? Оказывается, артельщик уехал, деньги получил, в Нежин вернулся и пропал. Пропал, как иголка в стогу сена!

Патмосов с тем же невозмутимым видом курил сигару и медленно прихлебывал чай.

— Понятно, следствие, — уже волнуясь, продолжал Богучаров. — Узнал, что он деньги взял, в город приехал, но в контору не заходил и домой не вернулся. Следователь расспросил всех и решил, что артельщик скрылся с деньгами, напечатал публикации и успокоился.

Богучаров взволнованно перевел дух.

— А я уверен, что здесь преступление, что он убит! — заключил он. — Вот вас и выписал. Помогите!

Он замолчал. Патмосов опустил голову и сосредоточенно вылавливал из чая косточку от лимона. Выловив ее и бросив в блюдце, он спросил:

— У вас есть подозрения?

Богучаров смутился.

— Видите ли, — ответил он, — я не решился бы сказать этого никому другому. Дело вот в чем. Матвеев, артельщик этот, лет пятидесяти, рябой, некрасивый и, кажется, довольно грубый, а жене его сейчас двадцать шесть лет. Бабенка вертлявая, смазливая. Детей у них нет, и про нее всякая сплетня ходит. Чертежник у меня тут был, разбитной такой малый и красивый. Лентяй и кутнуть любит. Я рассчитал его. Так она, говорят, с ним путалась.

— А артельщик ваш всегда деньги в сундук прятал, когда привозил?

— Всегда! Кажется, раз только с собой домой унес.

Патмосов кивнул.

— А кто у вас контору стережет?

— У ворот дворник. Внизу два сторожа: один Василий, вы его видели; а другой — Михей. Здоровенный мужик. При лошадях кучер, а здесь — я!

— А этого чертежника вы давно разочли?

— В середине мая, перед отъездом.

— Так что он мог знать про деньги?

— Вполне! — Богучаров махнул рукой. — Да разве здесь утаишь что-нибудь! Чеки проводятся по книгам, пишутся открыто, иногда весь день на столе лежат. По семейному. Я думаю, все знают, когда Матвееву ехать и сколько он привезет...

— Занятия у вас с какого часа?

— С десяти.

— Ну, значит, я успею осмотреться, — сказал Патмосов.

— Я к вам Василия приставлю.

— Пожалуйста. А теперь уже простите. В сон клонит.

Богучаров засмеялся.

— И я хорош! Уже два часа! Уморил вас. Сам-то я выспался.

Он пожал руку Патмосову и вышел в соседнюю комнату, притворив дверь.

IV

Чуть только рассвело, Патмосов встал и полуодетый осторожно вышел из комнаты. Богучаров спал, обняв обеими руками подушку и оглашая комнату храпом. Патмосов тихо прошел мимо него и вошел в большую комнату с двумя высокими конторками, четырьмя письменным столами и шкафами вдоль стен. Это, несомненно, была комната счетоводов. Тяжелые, огромные бухгалтерские книги, на каждом столе счеты, на высоких иглах наткнутые квитанции. Следующая комната по фасаду, размером с кабинет Богучарова, была, несомненно, чертежная. Из средней бухгалтерской комнаты через маленький коридор можно было пройти в небольшую комнату, надвое перегороженную проволочной решеткой, с дверью и оконцем, как обыкновенно в кассах.

Патмосов задержался здесь и стал внимательно оглядывать каждый уголок комнаты. Дверь перегородки оказалась запертой, но сама перегородка не доходила до потолка. За проволочной решеткой стояли: небольшой стол со счетами, стул и массивный железный сундук.

Патмосов с легкостью акробата перелез через перегородку и остановился подле сундука.

Постороннему наблюдателю показалось бы, что Патмосов читает какие-то микроскопические надписи, с такой внимательностью он осмотрел весь сундук и его замок.

Потом он присел на корточки и вдруг тихо свистнул.

Глаза его впились в одну точку. Он нагнулся, словно нюхая пол.

Не отрывая глаз от пола, он прополз на карачках до перегородки, перелез обратно, и опять пополз, то совсем пригибаясь к полу, то проводя по нему пальцами.

Из маленькой комнаты дверь вела в просторную переднюю. Все так же по полу на коленях Патмосов дополз до выходных дверей и здесь встал на ноги, после чего из передней через боковую дверь оказался в столовой, разделся, лег и почти тотчас заснул.

V

— Заспались с дороги! — услышал Патмосов голос Богучарова, раскрыл глаза и увидел инженера с полотенцем в руках. На столе шипел кипящий самовар, и Василий только что внес вычищенные одежду и сапоги Патмосова.

— Я в минуту! — сказал Патмосов, быстро вставая. Богучаров прошел к себе.

— Умываться сюда пожалуйте! — пригласил Василий.

Патмосов прошел за ним в переднюю, где на табуретке стоял таз. Василий взял кувшин с водою и помог умыться.

— Ты мне дом-то покажешь? — спросил Патмосов, утираясь полотенцем.

— Сделайте одолжение! — ответил Василий и прибавил: — Дом-то не велик. Обошли раз, и все!

— Что, Матвеева любили у вас?

Василий переступил на другую ногу.

— Ничего, все *ладили*.

— Жена ходила сюда?

Василий усмехнулся.

— Она бы ходила, да он не пускал. Ревновал очень. Тут чертежники, конторщики. Народ молодой.

— Убивается?

Василий опять усмехнулся.

— Непохоже. Да он, может, и убежал с деньгами-то! Следователь говорит: не иначе.

Патмосов вернулся в столовую и быстро оделся. Вошел Богучаров.

— Ну, с добрым утром! Чай пить будем?

Они сели за стол. Богучаров сказал:

— В вашем распоряжении это помещение и мой Василий, а я сегодня, раз вы уже здесь, на *линию* проеду. Будьте как дома. Если вам спросить надо насчет дела, то, пожалуйста, вот у него и еще у бухгалтера, а тот уже вам всякого предоставит.

Он допил чай и поднялся.

— Ну, я еду! Василий, вели подавать! — он взял фуражку и вышел.

Патмосов допил чай, взял палку и надел шляпу. В ту же минуту вернулся Василий.

— Ну, веди меня! — сказал ему Патмосов.

— Здесь вот и все! — указал Василий. — Сергея Петровича помещение и контора. Это — касса. Теперь новый артельщик, — он, не останавливаясь, провел Патмосова через комнату, — здесь передняя. Народ толчется, а это — выход. Одни двери!

Он вывел Патмосова на площадку лестницы.

Патмосов спустился, сосчитав четырнадцать ступеней, и остановился на нижней площадке, на которой были две двери направо и налево, кроме выхода на двор.

— А это куда?

— Здесь кухня, — сказал Василий, — только ее мы занимаем. Я и Михей, сторожа.

Он отворил дверь. Открылась огромная комната с плитой и русской печкой. По стенам стояли две кровати, подле кроватей — сундуки; у окна — большой сосновый стол и табуретки.

При входе Патмосова с табуретки встал и вынул изо рта трубку высокий, плечистый и бородатый мужчина с угрюмым лицом. Он нехотя поклонился Патмосову.

— Другой сторож, Михей! — пояснил Василий и сказал ему: — Иди наверх! Сейчас собираться станут, а я при них!

— Ладно, — лениво отозвался Михей.

— Вот и все. А на той стороне, — сказал Василий, — такая же огромадная комната. Была людская, а мы ее кладовой сделали.

Василий перешел на площадку лестницы и показал другую комнату. Она была действительно завалена всяким добром.

— Вот и весь дом! — заключил Василий.

— Отлично! — отозвался Патмосов, выходя на двор.

— С этой стороны двор, — показал Василий, — а с боков и сзади сад. Прекрасный сад! Пожалуйте!

Патмосов пошел за Василием.

Сад был действительно прекрасен. Густой, тенистый, он охватывал дом с трех сторон. В глубине сада стояла закрытая беседка.

— Хороший сад, — сказал Патмосов, возвращаясь назад и зорко осматривая дом.

— Лучший, можно сказать, в городе, — похвалился Василий.

— А это что? — вдруг спросил Патмосов, указывая палкой на маленькие окна в доме на уровне с землею. С переднего фасада таких не было.

Василий небрежно махнул рукою.

— Это? А это сухие погреба.

— Какие? — спросил Патмосов.

— Сухие! Это такие, что в них лед не кладут, а так, что в легком холоде держать надо. Варенья там, вино и прочая...

— Что ж ты мне их не показал?

— А чего в них? — ответил, пожимая плечами, Василий. — Они у нас пустые.

— Любопытно поглядеть. Сухой погреб.

— Что же, пожалуйте!

Василий ввел его опять в дом, прошел за лестницу и подвел к маленькой двери, запертой на висячий замок.

Вынув из кармана ключ, он отпер замок и открыл дверь. На них пахнуло холодным воздухом.

Они спустились на шесть ступеней и очутились в полутемном узеньком коридоре с земляным полом.

Василий открыл дверь направо.

Патмосов увидел низкое, просторное помещение с глиняным полом, освещенное двумя окнами.

Пол погреба был слегка взрыт.

— А это почему?

— Глину берем отсюда, когда надо, — ответил Василий, — печку поправить или что...

— Так! — Патмосов вышел и толкнул другую дверь налево.

— То же самое! — сказал Василий. Патмосов окинул быстрым взглядом другой погреб и тотчас вышел.

— Я потому не показал, что пустое, — говорил Василий, ведя Патмосова назад. — А на дворе служба! — он запер дверцу в погреба и снова вывел Патмосова на двор.

Патмосов остановился.

— Ну, службы я и сам осмотрю, — сказал он, — а ты вот что сделай. Сходи на вокзал; там я у сторожа свой чемодан оставил. Принеси его!

Он дал Василию пятьдесят копеек.

— С полным удовольствием! — услужливо ответил Василий, бросаясь за шапкой в свое помещение.

VI

На Лицейской улице, в маленьком домике, окруженном садиком, жила молодая жена пропавшего артельщика.

Она разговаривала на кухне со своей прислугой, девчонкой Гапкой, когда у раскрытого окна показалась голова Патмосова и он, приподняв шляпу, спросил:

— Могу я видеть госпожу Матвееву?

Она вздрогнула и покраснела.

— Да, это я! — ответила она и тотчас засмеялась. — Вот дура-то! Пожалуйте в комнаты, через крылечко. Я сейчас! — она пошла из кухни и открыла дверь.

Он вошел в чисто убранную комнату, служившую, видимо, и гостиной и столовой, и сразу приступил к делу.

— Я, сударыня, — сказал он, — сюда от артели прислан. Узнать все о пропавшем вашем муже.

Она сразу побледнела и испуганно взглянула на Патмосова.

— Что же вам надо?

— Все узнать, и, если вы что сказать можете, скажите!

Она опустилась против Патмосова на плетеный стул и сказала:

— Одно я знаю, что его убили! Да!

— Почему вы так думаете?

— Он очень честен был, чтобы сбежать с деньгами. И бежал бы тогда из Киева. Зачем ему сюда ехать? А потом, он и сам опасался.

Патмосов насторожился.

— Говорил что-нибудь?

— Да! Перед этим вдруг у кассового сундука замок испортился. Он тогда тоже деньги привозил. И разве это можно, — с волнением сказала она, — чтобы все знали, когда он за деньгами едет!

— Обычно он когда возвращался, если с деньгами?

— К девяти часам, а то и к одиннадцати. Зайдет в контору, деньги запрет и домой.

— А с собой уносил?

— Нет. Он очень боялся. Еще убьют, говорил.

— Я к вам до отъезда еще зайду! — сказал Патмосов, вставая.

Матвеева сразу повеселела и быстро встала.

— Пожалуйста! — ответила- она. — Я всегда дома, — и потом добавила: — Мне очень важно, чтобы доказали, что его убили. Тогда артель мне залог вернет.

Патмосов вышел и направился назад к конторе.

Работа была в полном разгаре. Костяшки счетов щелкали с беспрерывным, сухим треском. *Люди входили и выходили.* За столами и конторками сидели служащие, уткнувшись в огромные книги, перебирая разноцветные бланки, считая, выписывая.

За высокой конторкой сидел бухгалтер. Эта был очень симпатичного вида, с открытым, радушным лицом господин.

Увидев Патмосова, он соскочил с высокого табурета.

— Бухгалтер, Антон Егорович Тугаев, — отрекомендовался он, — Сергей Петрович уже про все говорил.

Патмосов почувствовал крепкое дружеское рукопожатие.

В конторе на минуту водворилась тишина, и все присутствующие уставились на Патмосова.

— Я хотел поговорить с вами, — начал он.

— Очень рад буду, — быстро сказал бухгалтер, — мы в три часа окончим занятия; теперь половина второго. Пожалуйте ко мне обедать, и поговорим.

— Отлично! — согласился Патмосов.

VII

Тугаев, идя с Патмосовым к себе домой, говорил без умолку, забавно жестикулируя и предупреждая в стремительной речи все вопросы Патмосова.

Он охарактеризовал всех служащих, пропавшего артельщика и его жену, прогнанного чертежника и самого Богучарова. Было интересно и забавно его слушать.

— А что вы думаете об этом случае? — осторожно спросил его Патмосов.

— Удрал с деньгами! — решительно сказал Тугаев. — Убить его никто не мог. Он был себе на уме. А следователь у нас *гениальная личность. Лекок!* Вот и моя обитель. Милости просим! Катя, к нам гость; подавай обедать! — закричал он.

Патмосов следом за ним прошел через прекрасный сад и вошел в хорошенький домик.

Навстречу им вышла жена Тугаева, молодая, красивая женщина.

Тугаев снимал небольшую помещичью усадьбу. Они прошли на веранду.

— Совсем особняк, — сказал Тугаев, — кухня через двор, и в нее звонок. Великолепно!

Они сели обедать.

За столом им прислуживала хорошенькая девушка с невинным детским лицом и большими карими глазами.

— Невеста нашего Василия, — тихо сказал Тугаев. — Необыкновенная чистота! Прямо хоть икону пиши!

Уходя от Тугаева, Патмосов сказал:

— У меня к вам просьба.

— Пожалуйста!

— Я пришлю к вам человека. Так вы его на несколько дней пристройте в кухне. Только от себя. Понимаете?

Тугаев усиленно закивал.

— Понял, понял! А перегородка сегодня не заперта!

— Благодарю вас!

Патмосов ушел.

Богучаров вернулся, когда Василий, уже приготовив постели для отдыха, подавал Патмосову самовар. Они напились чаю. Василий ушел. Богучаров поднялся.

— Ну, я спать. Заморился!

— Я попросил бы вас, Сергей Петрович, назавтра с раннего утра услать куда-нибудь Василия, — сказал ему Патмосов.

— Будет, — ответил Богучаров, — а что?

— Да хотел бы основательнее все пересмотреть в доме, и чтобы никто не знал. Михей будет у вас наверху занят, а я и похожу по дому.

— Великолепно. Ничего нет проще! А у вас что-то есть! — сказал он, стукнув себя по лбу. — Ну, спокойной ночи!

VIII

Патмосов опять поднялся с постели, чуть рассвело, и опять прошел в кассу, где стоял сундук.

На этот раз он внимательно осмотрел дверь перегородки, после чего вернулся и заснул снова.

Богучаров разбудил его, и Патмосов у стола увидал неповоротливого Михея вместо Василия.

— Исполнено, — сказал, смеясь, Богучаров, — до вечера не будет!

— Отлично! — отозвался Патмосов и пошел умываться.

Михей подавал воду.

— А где ты был в тот вечер, когда артельщик за деньгами уехал! — спросил его Патмосов.

— Я-то? — лениво ответил Михей. — На именинах был, у кума. Еремеем звать. Пошли с кучером вместе в семь часов, а вернулись к утру.

— Кто же в конторе оставался?

— А Василий.

— И дворник?

— Кирилл о ту пору у барина Тугаева находился. Дворник у них запил, а барыня боялась. Он и пошел.

— Значит, Василий один был?

— Один. Да у нас тихо. Стеречь нечего. Для формы только.

Патмосов отдал ему полотенце и вернулся в столовую.

Богучаров уже пил чай.

— Сегодня я весь день дома. Обедать в три часа будем, — сказал Богучаров, — а до той поры оба займемся.

Тотчас после чая Патмосов начал свои розыски. Он вынул из чемодана клещи и отвертку, опустил их в карман и, взяв шляпу с палкой и портфель, вышел из конторы, но, спустившись с лестницы, он пошел не к двери, а за лестницу, к маленькой дверке, ведущей в сухие погреба. С помощью клещей он выдернул один из пробоев и спустился по лесенке; потом открыл дверь налево и вошел в погреб. В погребе он провел с полчаса, после чего вышел, закрыл дверь, тщательно приладил пробой на прежнее место и осторожно пробрался в кухню.

Здесь он достал сапоги Михея и Василия и подошел к столу. В портфеле у него оказалось два восковых снимка со следов.

Он аккуратно примерил к ним сапоги. Лицо его выразило удовольствие.

Он поставил сапоги на место и затем с ловкостью заправского вора отвинтил петли у сундуков Михея и Василия, а затем без труда поднял крышки и стал шарить в сундуках.

После чего он привел сундуки в прежний вид, задвинул их на прежние места и вышел на лестницу.

Тихо насвистывая, что у него всегда служило признаком хорошего настроения, он вернулся в контору и обратился к Богучарову:

— Не можете ли вы мне устроить железный щуп. Знаете, палку, на конце острую, аршина в полтора.

— Скоро?

— Хоть сейчас, — ответил Патмосов.

— Ну, сейчас не успею, а к обеду!

— Отлично! А теперь я выйду.

— В три часа обед!

— Не опоздаю!

Патмосов направился к жене Матвеева.

Она сидела на ступеньке крыльца и, смеясь, весело говорила с чертежником.

Увидя сыщика, она страшно сконфузилась не то за свой смех, не то за собеседника и, торопливо поднявшись, спросила:

— По делу, верно?

— На одну минуту, — предупредил Патмосов и, вынув из кармана крошечный сверток, подал его Матвеевой: — Не узнаете ли?

Она с недоумением развернула бумажку и тотчас вскрикнула:

— Запонка Корнила Матвеича!

— Вы уверены?

120

— Как же! У него эта зацепка ослабла, и она раз выпала из рукава.

Патмосов взял от нее запонку и спрятал ее в жилетный карман.

— Благодарю вас. Больше ничего, — сказал он.

— Вы бы хоть чаю откушали...

— Некогда мне. Всего хорошего!

Патмосов вышел, и лицо его светилось торжеством победы. Он опять вернулся в контору.

— Ну, вот вам и шест! — сказал Богучаров, указывая на угол.

Патмосов радостно ухватился за него, торопливо вышел и снова спустился в погреб.

К трем часам он вернулся с довольным лицом.

— Узнали что-то!

— Все, — ответил, смеясь, Патмосов и прибавил: — Кроме главного! Да, еще просьба: не можете ли вы весь завтрашний день никого не отпускать из конторы: ни Михея, ни Василия, ни дворника, ни кучера?

Богучаров кивнул.

— И еще! Скажите, пожалуйста, Василию и всем, что вы хотите его перевести.

— То есть как?

— Ну, на хорошее место в Петербург, Москву, в Сибирь, что ли! Только совсем отсюда, и подальше.

— С Машей? — засмеялся Богучаров.

— Можете и с нею. Вообще переводите в награду.

— Хорошо. Только что это вы задумали? Не Василий же?..

— Он, видите ли, необходим мне, — сказал Патмосов, — а слух этот, чтобы других успокоить! — и он тихо засмеялся.

Уже смеркалось, когда Патмосов подошел к подъезду единственной в городе гостиницы и спросил Пафнутьева.

— Номер четырнадцать, второй этаж направо, — ответил швейцар.

Патмосов поднялся и постучал в дверь. Пафнутьев сам раскрыл дверь и воскликнул:

— Наконец-то!

Они поцеловались.

Коридорный подал самовар и посуду. Пафнутьев заварил чай и достал ром.

— Ну, теперь слушай! — сказал Патмосов и, прихлебывая чай, рассказал ему все про исчезновение артельщика.

— А вы как решили, — спросил Пафнутьев, — убили его?

— Убили! — ответил Патмосов.

— И вы уже нашли? — с обидой спросил Пафнутьев.

— Нашел, все нашел, — ответил Патмосов, — кроме главного сообщника.

Пафнутьев заметно оживился.

— Надо найти еще одного. Их, видишь ли, двое было. И потом — деньги. Деньги главное! Вот тебе и работа. Слушай-ка! — и Патмосов по порядку рассказал про свои розыски, открытия, находки и догадки. — Ну, а теперь тебя на сцену! — добавил он. — Слушай внимательно. Оденься проще и завтра днем иди в контору вот с этим письмом, — он положил на стол письмо, — придешь, спросишь Тугаева и дашь ему письмо. Видишь ли, ты будто просишь место. Лакеем раньше у господ служил. Он тебя у себя на кухне пристроит. Понял? Ты там сойдись со всеми. Кажется, там кучер, дворник, повар и девушка Маша. И за этой Машей следи. Куда она, кто к ней. Если что узнаешь, то сообщи Тугаеву.

X

Патмосов сидел в столовой и потирал себе руки от удовольствия.

Василий накрывал стол к обеду, и его лицо, вопреки обыкновению, было угрюмо. Михей сказал, что будто Богучаров отправляет его куда-то.

— Что это ты, словно с похорон? — шутливо спросил его Богучаров.

— Я... ничего!

— Хмурый! Или с Машей поссорился? Я тебе дело хорошее устроил, — не умолкал Богучаров.

Патмосов молча ел, исподлобья следя за ними.

— В Москву, в главную контору, верный человек нужен, так вот я о тебе и подумал. На три года, по шестьдесят рублей. Можешь и Машу взять. А?

Василий сделал видимое над собою усилие и ответил:

— Что же, я со всей готовностью. Хоть завтра!

— Лучше и не надо быть, — согласился Богучаров. — Завтра и поезжай.

Василий не ожидал этого и даже опешил. Потом с усилием улыбнулся и выдавил из себя:

— После обеда дозвольте только к Маше сбегать.

Патмосов толкнул Богучарова.

— Сегодня, — ответил Богучаров, — лучше я к тебе Машу пришлю. Мы с Алексеем Романовичем уходим к Тугаеву, а контору на одного Михея я не хочу оставлять. Тебе ведь все равно?

Василий снова изменился в лице.

— Как вам будет угодно, — угрюмо ответил он и замолчал.

После обеда Богучаров и Патмосов собрались идти к Тугаеву.

— Так смотри же, не уходи. Я Машу пришлю! — сказал Богучаров Василию.

XI

Тугаевы встретили гостей с радостным возгласом:

— Вот отлично! Устроим винт, а потом я вас такой запеканкой угощу! — воскликнул Тугаев. — Катя, распорядись!

Жена Тугаева вышла.

— На веранде устроимся, — суетился Тугаев.

— У меня просьба к вам, — сказал Богучаров, — отпустите Машу к Василию.

— Можно! — ответил Тугаев.

На веранде закипел самовар; Тугаев раздвинул ломберный стол.

XII

Они доигрывали пятый робер, когда чуткое ухо Патмосова услышало легкий стук о перила веранды.

— Я на минуту оставлю вас, — Патмосов быстро встал и, выйдя из-за стола, спустился в сад.

Пройдя несколько шагов, он увидел подле себя человека.

— Ты, Сеня? Уже вернулся? Что узнал?

— Пошел за ней следом, — тихо заговорил Пафнутьев, — она у Василия с добрый час пробыла. Вышла и, вместо дома, в сторону пошла.

Патмосов закивал головою и потер руки.

— Так, так! Ты за ней...

— Я за ней, — повторил Пафнутьев, — она — на базарную площадь, вошла в трактир, скверный такой, а через минуту назад...

— Не одна, — сказал Патмосов.

— Да! С ней какой-то мужчина. Я в темноте не разглядел его, видел только, когда из дверей вышел. Одет рвано, борода щетиной. Они за будкой притаились. Я в темноте к ним. Что говорили, не слыхал, только и разобрал: "Буду", — сказал он. Потом он опять в кабак, а она домой!...

— Так, отлично! — тихо произнес Патмосов.

— Что теперь делать? — спросил Пафнутьев.

— За ней следить. Вовсю, голубчик! Завтра утром ко мне приди. Будто насчет места. Будто я нанял тебя, что ли.

Пафнутьев неслышно скрылся в темноте. Патмосов направился обратно к веранде.

— Ну, мы без вас бросили играть, — сказал Богучаров, — с вас два рубля и сорок копеечек!

— А теперь, господа, отведайте мою запеканку и карасей в сметане! — провозгласил Тугаев, суетясь у накрытого стола.

Час спустя Богучаров с Патмосовым возвращались домой.

— Что же, открыли еще что-нибудь? — спросил дорогою Богучаров.

— Каждый час приносит нам новое. Не будьте нетерпеливы, — шутливо ответил Патмосов.

— И завтра все?

— Думаю, что завтра.

— И деньги?

— Вероятно!

— Десять процентов ваши, — воскликнул Богучаров, — это премия.

— Идет! — согласился Патмосов.

Они постучали в калитку. Дворник тотчас отворил ее.

Патмосов отстал от Богучарова.

— Эту ночь не спи, Кирилл, — сказал он дворнику, — запри калитку, иди к себе и меня жди. Хоть всю ночь. Я заплачу тебе.

— Слушаю-с!

Патмосов нагнал Богучарова у дверей. Со скамьи поспешно поднялся Василий.

— Ну, вот и мы! — сказал Богучаров. — Постели готовы?

— Все сделал.

— Можешь идти, я запру.

Василий тотчас ушел.

— Я сейчас и спать, Сергей Петрович! — сказал Патмосов, направляясь в столовую.

Он закрыл дверь, торопливо вынул из чемодана черные брюки с черной сатиновой рубашкой, револьвер и небольшой сверток. Затем он быстро переоделся в черное, задул лампу, крадучись, вышел из комнаты, открыл входную дверь и очутился на лестнице.

— Ну, ну! И это хорошо! Давай делить.

— Машка достанет их и завтра принесет. Ты пятьсот получил? Теперь как сделать?

— Их уж тютькой звали! Фью! — послышался хриплый смех.

— Твое дело, — сказал Василий, — теперь тебе еще десять тысяч, и в стороны!

— Давай десять. Мне што! Уйду отсюда и закурю!

— То-то, давай! Для того и звал. Как дать?

— Попроси отложить поездку. А ночью я опять буду, и поделим.

— А если гнать будет?

— Не соглашайся. Уедешь без дележа, тебе хуже. Мне все едино пропадать, а тебе не с руки! — и в сиплом голосе послышалась угроза.

— Для чего ж я звал тебя, — миролюбиво сказал Василий, — я по-честному. Ссориться не хочу.

— Ну и все! Значит, завтра об эту пору!

— Хорошо!

— Ну, и иди себе. Я курну, да и с Богом!

— Тогда прощай!

— Иди себе! Сторожи господ! — с насмешкой сказал сиплый голос. — А тот франт, значит, с носом?

— С носом! — уже выходя из беседки, ответил Василий.

В беседке вспыхнула спичка, и Патмосов увидел грубое лицо с крючковатым носом.

Патмосов ощупал левый карман и тихонько подкрался.

Приятель Василия несколько раз пыхнул папиросою, потом встал.

Патмосов замер. Приятель Василия прошел совсем подле

него, бросив в траву папироску. Патмосов приноровился и, едва тот оказался к нему спиною, бросился на него, и в одно мгновение полузадушенный бродяга лежал навзничь на земле.

Еще мгновение — Патмосов ловко забил ему рот платком, что-то звякнуло, и приятель Василия почувствовал наручники. Он зарычал и с яростью вскинул ногами. Патмосов поднялся с земли.

— Поздно, милый! — спокойно сказал он. — Ты лучше будь умницей, встань и иди за мной!

С этими словами он ухватил бродягу под мышки и, поставив на ноги, взял за шиворот.

— Вот так! А теперь пойдем.

Ловким приемом он ухватил его сзади и без труда повел из сада через двор в сторожку дворника.

— Тсс! — сказал он дворнику, увидев, что тот от изумления готов закричать. — Вот, на сбережение, бери!

Он толкнул бродягу, от которого дворник испуганно отшатнулся.

Наручники тихо звякнули.

— Мы его, Кирилл, пока в баню запрем, — сказал Патмосов, — ключ у тебя?

— У меня!

— Иди отопри! Тихо только.

Патмосов вывел своего пленника из сторожки, провел несколько шагов и втолкнул в низкую дверь бани.

— Давай веревку! Черкни спичкой.

Дворник зажег спичку. При ее свете Патмосов захватил ноги пленника, стянул их петлею, усадил его на лавку и завязал веревку вокруг ножек лавки.

— До завтра не умрет, — усмехнулся он и обратился к пленнику: — Ну, до свидания, друг! Не сердись. Идем, Кирилл! Запирай!

Дворник послушно запер дверь.

Патмосов опустил ключ в карман и сказал:

— Смотри, никому ни слова! А то худо будет. Завтра, когда прикажу, возьми с собой кучера и веди его ко мне. Теперь иди спать!

XIV

Как и раньше, Патмосова разбудил Богучаров. Василий ловко и расторопно приготовил утренний чай.

Патмосов быстро встал, умылся с помощью Василия и сел за стол. Василий убрал его постель и вышел.

— Ну, — поздоровался Богучаров, — сегодня узнаем?

— Сегодня, — ответил Патмосов, намазывая масло на хлеб, — и сегодня же я еду.

— Так скоро?

— Чего вам еще? Четвертый день!

В это время появился Василий с письмом в руке.

— К вам от Антона Егоровича, — сказал он, подавая письмо Патмосову, — а на словах передать велели, что на службе не будут!

Богучаров поднял голову.

— Что с ним? Кто пришел от него?

— А новый человек их! — ответил Василий. — Говорит, нездоров.

Патмосов тем временем читал письмо, и лицо его выразило полное удовлетворение.

Это был отчет Пафнутьева, написанный им под видом письма от Тугаева.

Пафнутьев писал: "Я стерег Машу и не спускал с нее глаз ни на минуту. Вскоре, как вы ушли, все легли спать. Около двух часов ночи Маша выскользнула из кухни. Я — за нею. Она в сенцах достала заступ, после чего пошла прямо через двор в сад. Здесь она быстро начала копать. Я решил, что она достает деньги, подкрался к ней неожиданно и быстро ее схватил. Она вскрикнула. Я зажал ей рот и связал руки. В эту минуту на ее крик вышел на веранду сам Тугаев и чуть не застрелил меня. Я окрикнул его; он спустился ко мне и, когда я рассказал ему, в чем дело, оказал мне помощь. Связанную Машу мы отвели в чулан и заперли там до вашего распоряжения. Вернувшись, стали копать землю и почти тотчас нашли узелок с деньгами, завернутый в клеенку. Деньги сложили назад, не считая, завернули, как было, положили в яму и снова засыпали землею. Господин Тугаев вызвался сторожить деньги и Машу, а я пришел к вам. Что делать дальше?"

— Так. Отлично, — Патмосов сложил и спрятал письмо в карман, — скажи этому Алексею, — обратился он к Василию, — чтобы он остался здесь и ждал меня. Я сегодня еду и его с собой увезу.

— Так это решено? — спросил Богучаров.

— Совершенно. Я свое дело кончил, — ответил спокойно Патмосов.

Василий повернулся и вышел.

— Вы знаете, что у вас есть сухие погреба? — поинтересовался Патмосов.

Богучаров кивнул.

— Ключ от них у Василия. Устройте так, чтобы все пошли с вами в эти погреба. И Василий. Возьмите Михея с лопатою. Поняли? Предлог? Ну, скажите, что хотите туда машину поставить!

В конторе послышались голоса.

— День начался! — сказал Богучаров, вставая.

Он вошел в контору, поздоровался со всеми, позвал Василия, приказал ему передвинуть столы и при нем обратился к старшему чертежнику:

— А что, Иван Иванович, не хотите ли со мною спуститься в наши погреба?

— Для чего?

— На днях к нам машина печатная придет. Так я хочу ее там поставить... Надо посмотреть, пройдет ли она, где установить ее и как с полом; настилать или оставить земляной. Ключ у тебя, Василий?

— У меня.

— Так и ты пойдешь. Вели Михею заступ взять!

— Сейчас хотите? — спросил Василий.

— Пока народ, и сходим. Пойдемте, Иван Иванович?

— Отчего же! Пойдемте!

— Отлично! — Богучаров обратился к остальным: —

129

Господа, кто хочет в сухие погреба идти, смотреть, куда машину поставить? Ум хорошо, а десять лучше!

Служащие поднялись со своих мест.

— А кто же в конторе останется? — спросил Иван Иванович.

— Артельщик и мой гость, Патмосов. Ну, Василий, веди!

Василий пошел вперед.

— Михей! — крикнул он. — Возьми заступ и иди с нами!

Михей выглянул из своего помещения.

— Иди, что ли! — повторил Василий. — Заступ возьми! Эх, дурья башка!

Михей взял из склада заступ.

Богучаров, Иван Иванович, конторщики спускались с лестницы. Василий отпер замок и распахнул низенькую дверь.

— А все-таки прохладно, — сказал Богучаров, осторожно ступая по ступенькам.

Как только все ушли, Патмосов вышел в переднюю и, поздоровавшись с Пафнутьевым, сказал:

— Молодец, Сеня! Теперь все у нас. Я другого-то тоже изловил. Ну, последний акт! Василия знаешь?

Пафнутьев кивнул.

— Ну, вот тебе наручники. Стань позади него и, как я махну, сразу его бери! Идем!

И он торопливо вышел на лестницу, а Пафнутьев за ним следом.

XV

Василий ввел всех в погреб направо. Богучаров для виду приказал измерить его шагами, потрогал стены.

Чертежник стал говорить про недостаток света, когда в погреб вошел Патмосов и перебил его:

— А, вы тут! Преинтереснейшие помещения. Вы в другой погреб не заглядывали еще? Помещение такое же, но занятней!

Было в его словах что-то такое, что все как-то невольно насторожились.

Патмосов взглянул на Василия и увидел, как лицо его побледнело и исказилось кривой усмешкой. За его спиной стоял наготове крепкий Пафнутьев.

— Сюда, — сказал Патмосов, открывая дверь в погреб налево, — только, пожалуйста, этих накрышек не трогайте! — указал он на куски картона, разбросанные на полу в разных местах.

Богучаров, чертежник, за ними остальные конторщики вошли в погреб.

— А где же Михей с лопатою?

— Михей, где Михей! Позовите Михея! Конторщики раздвинулись, и между ними протиснулся Михей с заступом.

— Вы позволите? — спросил Патмосов у Богучарова и, не дожидаясь ответа, указал ногою: — Копай здесь, Михей!

Василий стоял в самых дверях, а позади него стоял насторожившийся Пафнутьев.

Михей воткнул заступ и надавил на него ногою.

В ту же минуту произошло внезапное замешательство.

Василий вдруг повернулся и, видимо, хотел бежать, но Пафнутьев молниеносно ударил его в грудь, и, когда Василий вытянул руки, он сцепил их наручниками.

— Это что же? — спросил изумленный Богучаров.

— Убийца, — ответил Патмосов. — А здесь убитый! — и он указал на землю.

Василий, бледный как полотно, прислонился к притолке двери.

Среди присутствующих пронесся ропот.

Никто не хотел верить, чтобы общий любимец, Василий, мог быть убийцей.

Патмосов обратился к Богучарову:

— Что произошло убийство, я понял, увидев следы крови подле кассы. Их выскоблили и замазали краской, затерев воском. Упал, разбился... Копай, копай, Михей! В длину копай, до окна!...

В погребе царило молчание. Патмосов продолжал:

— Что замешан тут погреб, я догадался, когда Василий, показывая мне дом, избежал погреба, а потом неохотно показал этот, левый. Я сразу увидел на земле следы. На другой день вы усли Василия, а я осмотрел погреб. Вот следы...

Патмосов снял картонки, и Богучаров увидел ясные отпечатки сапог. С первого взгляда было видно, что следы оставлены двумя, а не одним человеком.

Михей перестал копать и уставился на следы.

— Василия сапог, — сказал он, указывая на один из следов, — я ему подметку подбил и срезал. Вон!

— Копай, копай! — остановил его Патмосов и продолжал: — Я тотчас сделал с них восковые снимки. Выходя из погреба, я вдруг увидел запонку. Серебряная чернь и золотая подкова.

— Матвеева! — крикнул один конторщик.

— Совершенно верно! Это мне сказала его жена. Значит, Матвеев здесь был. У него эта запонка плохо держалась и, значит, нечаянно здесь выпала. Как? Болталась рука, задела о косяк, и запонка упала. И я решил, что он здесь.

Патмосов указал на землю. Михей в страхе выронил заступ.

— Ну, трус! — сказал Патмосов. — Копай, не бойся!... После этого я прошел в комнату служащих и пересмотрел их вещи. У Василия под кроватью сапоги, совершенно по этому следу. Это ведь и Михей признал! Глупый, он их снял и припрятал, вместо того чтобы износить или вовсе продать... Копай, Михей!...

Среди тишины слышалось только прерывистое дыхание Василия.

Все отшатнулись от него, и он стоял теперь у всех на виду, в трех шагах от ямы, которую копал Михей.

Патмосов продолжал:

— В сундуке его я нашел белые штаны, у которых правая штанина в крови. Я их там и оставил. Следователь их найдет! Он нес труп за плечами. У убитого была разбита с правой стороны голова, и кровь пачкала правую штанину!... Но их было двое! Кто же второй? Я стал расспрашивать, кто оставался ночью в конторе тридцать первого мая, оказалось — он один. Дворник был у Тугаева на даче, Михей и кучер на именинах.

Как произошло убийство, ясно. Артельщик приехал с вокзала и хотел спрятать в сундук деньги, но его схватили, убили, здесь схоронили, деньги отняли. Но их было двое. Кто был этот второй? Куда спрятаны деньги?

— И вы узнали? — спросил Богучаров.

— Узнал! Я нарочно попросил вас сочинить отъезд Василия. Это сразу подняло переполох.

Василий издал звук, похожий на рычание.

— Надо делить деньги, — продолжал Патмосов. — Если они у другого, надо получить свою долю; если они у него, надо выплатить товарищу; если они у третьего лица, надо их достать и опять-таки поделить. Значит, необходимо всем видеться...

Богучаров и чертежник с нескрываемым изумлением глядели на Патмосова.

— И они увиделись, — сказал Патмосов. — В эту ночь я арестовал товарища Василия, прибежавшего к нему в сад на свидание.

— Вы? Один? — воскликнул Богучаров. Патмосов улыбнулся.

— При сноровке это очень легко. В эту же ночь Маша выкапывала в саду Тугаева деньги и была настигнута моим помощником! — он указал на Пафнутьева.

Василий с яростью взглянул на него и злобно рассмеялся.

— Где же они? — воскликнул Богучаров.

— Деньги там же, в земле. Их бережет Тугаев. Маша у него в чулане, а приятель Василия здесь!

Он вынул из кармана ключ и, подавая одному из конторщиков, сказал:

— Сходите, пожалуйста, к дворнику, дайте ему этот ключ и велите привести того... арестанта. Пусть с кучером идет!

Конторщик схватил ключ и выбежал.

— Копай, Михей! Теперь осторожнее. Понемногу... Как я узнал, что здесь труп? Я просил у вас, Сергей Петрович, щуп и им прощупал!

Патмосов замолчал, и в тишине слышны были только хруп заступа и шум сбрасываемой глины.

133

XVI

В погреб донесся шум шагов, голоса, и через минуту кучер и дворник ввели соучастника Василия в его страшном преступлении.

Он глядел исподлобья, как затравленный волк. Проходя мимо Василия, он пытливо взглянул на него, и под его взглядом Василий словно оправился.

— Вот он, — сказал Патмосов, — я его вчера после свидания с Василием взял. Стой! — закричал он Михею и нагнулся. — Теперь снимай совсем осторожно!

Михей нагнулся и дрожащими руками стал вынимать тонкие слои глины.

Образовавшаяся яма имела вид могилы. Все столпились вокруг нее.

Слой за слоем сбрасывалась глина, и вдруг один из конторщиков крикнул:

— Волоса!

— Ухо! — крикнул другой.

Михей сбросил еще слой — и мало-помалу перед присутствующими обнаружился труп убитого Матвеева.

Уложить его было, видимо, трудно, и он лежал на боку с подогнутыми ногами.

Одет он был в коломенковый пиджак и такие же брюки. Потемневшее лицо его было все залеплено глиной и казалось ужасным.

Все отшатнулись при виде страшной картины, и только один Патмосов стал на колени и совсем наклонился к трупу.

Через минуту он поднялся и сказал:

— Они его задушили веревкой. Набросили петлю. А когда он падал, то ударился о сундук головой. Отсюда и кровь!

Богучаров стоял бледный.

— Никогда бы не подумал про него, — прошептал он и спросил громко: — Что же теперь делать?

— Пошлите за следователем!

— А с ними?

— Отведите в тот погреб, и пусть пока постерегут.

XVII

Богучаров, едва Патмосов вошел в контору, горячо пожал ему обе руки и сказал:

— Я слыхал о вас много, но то, что видел, превосходит все рассказы.

— Пустое дело, — ответил Патмосов.

— Господин следователь! — объявил, вбегая, Михей.

В комнату вошел полный, с самодовольным лицом господин.

— А, наш Лекок! — поздоровался он с Патмосовым. — Позвольте познакомиться: следователь города Нежина, Анчуткин!

— Очень приятно, — сухо ответил Патмосов.

— Жду врача, — сказал следователь, — вы позволите пока снять с вас показания?

— К чему вам беспокоиться, — мягко ответил Патмосов, — было бы лучше, если бы вы все без меня сделали. Произведите следствие, улики все налицо, и кончено. А зачем я?

— Честь открытия! Хе-хе-хе, — смущенно засмеялся следователь.

— Я не гонюсь за ней, а время мне дорого. Если угодно, так я вам пришлю по почте свое показание. Идет?

— Что же, если вы такой несговорчивый, — сказал с видимым удовольствием следователь.

— Вот и отлично!

— А деньги? — снова спросил Богучаров.

— А вы их уже с господином следователем с места возьмете, — сказал Патмосов.

— Доктор приехал! — доложил Михей.

— Ну-с, я иду! Надеюсь еще с вами встретиться, — любезно сказал следователь Патмосову.

Патмосов молча пожал ему руку.

XVIII

Следствие не обнаружило ничего нового. Убийство было совершено так, как его описал Патмосов. Убийцы во всем признались, называя во время своих показаний Патмосова "чертом".

Они осуждены были на каторгу, а Маша отделалась только тюрьмою.

К досаде следователя, явилась необходимость в показаниях Патмосова, и его удивительный розыск был оглашен на суде.

НАШ УВАЖАЕМЫЙ

Был август. Стоял жаркий солнечный день. В открытые окна кабинета врывался порывами теплый душистый воздух; сквозь чащу листьев сверкало солнце и дрожало светлыми пятнами на полу и стенах.

Павел Семенович Верстовский был немного поэт в душе, и в такой день ему особенно были ненавистны его обычные занятия.

Ужасен закон борьбы за существование. Но к чему упоминают о нем, говоря о преступности? Отравляют, поджигают, насилуют... разве это в борьбе за существование?

Это какая-то страшная, неистребимая болезнь общества, какое-то чудовищное уродство, и с постепенным ходом прогресса оно растет и охватывает все большие и большие круги общества, становясь неуловимым.

Верстовского при его занятиях иногда охватывал ужас. Перед ним проходили одно за другим преступления, мерзкие, страшные и вместе с тем пошлые по своей рутине; в его кабинете перебывали сотни преступников, отвратительных, но вместе с тем глупых до наивности. Законный процент, который установила статистика и который рос с каждым годом.

И вникать во все мерзости человеческого падения год от году становилось тяжелее Верстовскому.

В этот день было особенно тяжело. Жертву гнусного преступления он видел каких-нибудь две-три недели назад. Невидимые нити начинали переплетаться между ними, и он испытал ужас и мучительную боль, увидев ее бездыханное тело. Вспоминалась она ему и живой, и мертвой.

Ненависть и омерзение он чувствовал к преступнику и с трудом должен был подавлять их в течение допроса.

Перед столом, за которым он сидел, стоял высокий, лохматый мужик в калошах на босую ногу, в рваных брюках и заплатанной ватной кофте, надетой поверх грязной ситцевой рубахи.

Верстовский, избегая смотреть на него, спрашивал и сейчас же быстро записывал его показания.

— Приписанный к здешнему мещанству Семен Гвоздев?

— Так точно. Гвоздев, — повторил оборванец.

— Православный... 34 лет... Холостой?

— Холостой.

— Лишен жительства в столице? Три раза судился и отбывал наказание? В последний раз за кражу со взломом сидел два года. Вышел в этом апреле?

— Так точно. В апреле, — подтвердил Гвоздев сиплым голосом, переступая с ноги на ногу.

Верстовский быстро писал, окончил, отложил перо, закурил папиросу и спросил:

— Ну, что вы скажете по этому делу? Может, сознаетесь. Это — скорее и для вас лучше.

Гвоздев встряхнул головою, двинулся к столу ближе и заговорил:

— Невиновен. И в уме не было. Это точно. Судился три раза. Ледник обокрал, белье с чердака. Теперь у хозяина сундук разбил. Это точно. А тут невиновен. Видит Бог!

— Бога оставим, — резко перебил Верстовский, — а как же часы с цепочкой в твоей берлоге оказались?

Он говорил ему и ты, и вы.

Гвоздев вздернул плечами.

— Не пойму. Этого не пойму. Не иначе, как подбросили.

— Кто?

— Надо быть, Сергей Никанорыч. Кому больше.

Верстовский вздрогнул и в первый раз взглянул на Гвоздева. Его лицо было взволновано. Отекшее, красное, оно заметно побледнело, а глаза быстро моргали.

— Сергей Никанорович? Клокчин? — с изумлением повторил Верстовский.

— Не иначе. Позвольте, я вам по порядку. Как на духу.

Верстовский кивнул, и его лицо приняло усталый вид. Знает он эти исповеди! Наглое, скучное и глупо сплетенное вранье.

Гвоздев встряхнул головой, переступил с ноги на ногу, глубоко вздохнул и начал:

— *Лежу это я однова. Этак к вечеру; солнце закатывалось. Гляжу, а в кустах — господин Клокчин стоит и на меня смотрит...*

— Где лежите?

— А у себя в шалаше. Вот, где часы нашли. Я его еще в мае приспособил.

Верстовский кивнул и закурил папиросу.

— Значит, Сергей Никанорович вышел из кустов и вас увидел?

— Вот! Он на меня смотрит, а я лежу — на него смотрю.

— Откуда вы узнали, что это он?

— Господин-то Клокчин! Сергей Никанорыч! Я его очень отлично знаю и упокойницу Марию Петровну тоже. Потому, я по бедности по дачам хожу и, коли что сделать, всегда с удовольствием. У них раз забор красил, в другой раз дорожки в саду полол. И так тоже. Подойдешь к балкону, Мария Петровна сейчас — пятачок.

Верстовский нетерпеливо махнул рукой. Ему было невыносимо слышать ее имя из уст бродяги, убийцы.

— Ну, смотрите друг на друга...

Гвоздев оживился.

— Я это встал, а он говорит: "Вот твое логово!" и смеется. "Так точно, говорю, это мое жилище. Милости просим!" "В другой раз, говорит, а теперь, как я заблудившись, то проводи меня до дороги". С нашим удовольствием! А дорога тут и сейчас. Проводил. Он мне двугривенный. Потом заходил ко мне. Посидит, покурит, уйдет. Раз водки принес.

— Для чего же он ходил? О чем говорил?

Гвоздев встряхнул головою.

— Для чего, не могу знать. А говорил так... Больше все о моей жизни расспрашивал.

— Ну, дальше...

— Тут грибы пошли. Мы, высельные, больше от этих грибов живем. Пойду это, насбираю и на вокзал, или по дачам. 30-40 копеек очень просто даже.

— К делу, к делу...

— Я к тому, что к себе в шалаш только ночевать приходил и то не каждую ночь, — сказал Гвоздев, и продолжал:

— Вот это в четверг на прошлой неделе иду к себе пораньше. Часов этак семь было. Через овраг и кусты. Вдруг голоса слышу. Выглянул, а тут от моего шалаша недалеко, на полянке, Сергей Никонорыч и Марья Петровна, и оба с корзинками: по грибы, значит. Он ей говорит что-то, а она смеется.

Верстовский с волнением перевел дух. Он помнил ее смех, который вырывался сразу и звенел. Только редко она смеялась. Он чаще видел ее грустной, а Гвоздев продолжал говорить, и его рассказ превращался в чудовищный вымысел.

— Потом он обнял ее, и они сели. Корзинки — в сторону, и он к ней. Обнял и целует, а она смеется. Что ж, на то господа... место тихое... Только в скорости он встал, оглянулся и отошел, а она лежит. Оглянулся он еще раз, да как побежит и — в кусты! А она все лежит. Тут меня страх разобрал. Я к ней. Лежит она, руку откинула, голову кверху запрокинула... Я нагнулся, а у ей рот раскрыт, глаза выкатились, и вся синяя. Померши. Тут меня словно безумие охватило. Я назад, в кусты, через овраг и в город, прямо к Митричу. Было у меня рубь шесть гривен. Я их пропил. Одежу тоже пропил. В пятницу вечером пошел в свой шалаш. Тут меня и взяли. А не в чем. Вот как Истинный!

Гвоздев торопливо перекрестился и замолчал.

Наступила жуткая тишина, а за окном и гудел, и пел, и шелестел листьями сад.

Верстовского словно ошеломил рассказ и он не сразу собрался с мыслями. Что-то кошмарное. Муж жену! Для чего? Наглая выдумка...

— Отчего же ты сразу не рассказал всего этого?

— Пьян был очень и с толку сбился. Спервоначалу думал: кто поверит?..

— А теперь поверят?

— Это как вам угодно...

Верстовский обмакнул перо в чернила и начал быстро записывать его показания. В воображении его оживал образ

140

Марии Петровны. Бледное мертвое лицо с выражением усталости; черные грустные глаза; улыбка, которая сразу озаряла лицо, словно сиянием. Выплывала и его фигура. Высокий, стройный, полный блондин с плавными манерами холеного барина. Изящные руки с отполированными ногтями. Кажется, жили они дружно. Что за нелепая выдумка!

Перо его со скрипом двигалось по бумаге. Гвоздев стоял и томился, переминаясь с ноги на ногу.

Верстовский окончил.

— Ну, слушайте, и что не так, скажите.

Он вслух прочел записанное им показание.

— Все как есть, — сказал, вздохнув, Гвоздев, — так и было.

— Подпиши.

Верстовский протянул бумагу с пером и встал. Гвоздев почтительно взял перо, аккуратно обмакнул его и медленно вывел свою подпись.

Верстовский позвонил. Вошел рассыльный.

— Можете идти, — сказал Гвоздеву Верстовский.

Рассыльный открыл дверь, за которой показались стражники с ружьями.

Гвоздев поклонился и, стараясь не шуметь, тихо пошел к двери.

* * *

Вечером Верстовский по привычке прошел на железнодорожный вокзал. Там, в комнатке за буфетом, обычно собиралась вся местная интеллигенция. Потребность общения и отсутствие какого-либо собрания создали это место, где они, судача, сплетничая и споря, проводили скучные вечера за водкой, вином и пивом. Изредка ходили в гостиницу "Дудки" и там играли в карты и на биллиарде.

На столе, уставленном бутылками водки и пива, красовалась гора вареных раков, которых с жадностью истребляли — исправник, городской голова, податной инспектор и земский врач.

— Криминалист! — воскликнул податной, торопливо вытирая салфеткой руки. — Ну, что ваш злодей?

Жители и дачники, в городе и окрестностях только и говорили, что о страшном убийстве Клокчиной. Преступление совершилось в самый, разгар грибного сезона и наполнило всех ужасом. Берега "Теплых ключей" стали проклятым местом.

Верстовский поздоровался со всеми, сел и ответил:

— Не сознается.

— Ни на черта не нужно его сознание, — пробасил исправник, вывертывая у рака клешню.

— Улики на лицо, — сказал доктор.

— Ну, это еще не улики, — уклончиво возразил Верстовский и спросил: — А где теперь Сергей Никанорович?

— Довольно того, что он Спиридон, — с жаром сказал голова, — они все способны на что угодно. Будь они прокляты! — и его красное круглое лицо выразило искреннюю ненависть. — Позор нашего города!

— Сидит у себя, как пришибленный, — ответил податной и прибавил, — ну, да, верно скоро встряхнется и в Питер укатит.

— Я бы дня здесь не прожил, — сказал врач, высасывая нутро из рака.

— Положим, тяжело, — проговорил податной, — но в результате он будет доволен.

— Ты циник, — сказал врач, — тут, братец, драма, ужас!

— Пусть, — возразил податной, — но она была старше его; он скучал и имеет в Петербурге чуть не семью. Наконец, теперь "Широкое" — его!

— Я не знал этого, — с оживлением сказал Верстовский, — разве "Широкое" не его?

— Понятно, было ее. У него оставался только дом здесь. Тысяч восемь — красная цена.

— А бабенку его все знают, — сказал исправник, — акцизный там в Питере у него обедал.

— Рыженькая, — подтвердил податной.

— Тем ужаснее, — повторял опьяневший врач, — судите.

И он обратился к Верстовскому.

— Идут вместе за грибами. Он оставляет ее одну и — вот она убита, так сказать, у него на глазах.

— Вздор, — остановил исправник, — я с женой хожу, так она гонит меня, если найдет грибное место. Что же, стеречь ее?

— А что не вздор, — заговорил голова, — так эти Спиридоны. Что ни день, то кража. Ходят чуть не голые. Из-за них к нам ни один дачник не приедет. Вы бы вошли с предложением, Димитрий Иванович.

— Что же, я могу? — возразил исправник. — Это — ваше дело.

— Мы свое сделаем. Экстренное собрание и петиция всех граждан будет! Мало, разве, городов для высылки?..

* * *

Верстовский возвращался с вокзала и думал обо всем слышанном. Пожалуй, рассказ Гвоздева уже и не так невероятен.

При этой мелькнувшей мысли он даже остановился. Слишком чудовищно преступление. Но разве невозможно?

Верстовский представил себе Клокчина, и вспомнил, что им всегда овладевало неприятное чувство, которое каждый раз он насильно подавлял в себе при встречах с Клокчиным.

И, однако, он к ним ходил. Последнее, время даже часто. Что-то влекло его к покойной Марии Петровне и она всегда была рада его приходу. Между ними устанавливалось теплое дружеское отношение.

Он видел ее чаще грустной, чем веселой. Вот, значит, отгадка. У этого барина на стороне семья. И сам — нищий. Как полагается настоящему барину. Да, да! Рассказ Гвоздева, может быть, и не вымысел!

Верстовский шел, ускоряя шаги и делая жесты. Он был возбужден.

Все может быть! Шесть лет он состоит судебным следователем и пришел к выводу, что интеллигент способен на большую мерзость, чем простой полутемный бродяга. Бродяга, правда, способен зарезать за двугривенный или пару крепких сапог, но чаще всего он — безвольный алкоголик. Интеллигентный человек вынашивает преступление и выполняет его с старательной обдуманностью. Вор, пойманный за взломом, убивает стамеской открывшего его больше от страха. Разве его можно сравнить с каким-нибудь О'Бриеном-де-Ласси или ловким Мировичем?..

Почему нет? И Верстовский лег в постель под впечатлением рассказа Гвоздева и разговоров на вокзале.

Утром он распорядился, чтобы вызвать к допросу всю прислугу Клокчиных, и уехал в Петербург.

Он был у прокурора и рассказал о возникшем у него подозрении.

Прокурор покачал головою.

— Наглая бестия этот Гвоздев, — сказал он, — подозревать вы, Павел Семенович, можете, только бойтесь удариться в пинкертоновщину. Это самое опасное. Главное — трезвый взгляд. Мотивы? У каждого, дорогой мой, есть основательные мотивы устранить с дороги кого-нибудь из ближних, но не всякий это может сделать. И почему? — прокурор закурил папиросу. — Не потому, чтобы у интеллигента была чувствительнее совесть. Иногда я думаю, что у нас-то она и попридушена. А потому, что он развитее. Он видит больше шансов неудачи и знает, чем он рискует. Слишком много он теряет от неудачи. Современная совесть — страх! Да! Птица прячет голову под крыло и думает — спряталась. Мужик удерет из города в свою деревню, и думает — не найдут. А интеллигентный видит почти все случаи неудачи, и — боится.

— Вы, значит, думаете, что этот Гвоздев выдумал свою историю?

— И неудачно. Наглости много, но выдумки нет. Я встречался с такими типами.

Верстовский поднялся.

— Бойтесь увлечений, — сказал на прощание прокурор.

На другое утро он допрашивал прислугу Клокчиных: горничную, кухарку, судомойку, кучера и дворника.

Что они могли показать? И с первых же ответов Верстовский понял, что они не могут пролить света на это дело.

Податной рассказал о Клокчиных больше, чем они. Горничная, правда, показала, что несколько раз видела, как барыня плакала. Один раз в именье она просила барина не ехать в Петербург, а он все-таки уехал и неделю не возвращался.

В тот страшный день и перед ним, они были очень дружны; барыня много смеялась. Сперва они хотели ехать за грибами на лошади, потом решили пойти пешком.

Вся прислуга знала Гвоздева. Он, действительно, полол в саду дорожки, колол дрова и не раз приходил за милостыней. Барыня посылала его на кухню и его кормили. Барин иногда давал ему на водку.

Верстовский отпустил их.

Может быть, прав прокурор, и он увлекся.

Окончив занятия он пошел завтракать. Терраска его домика выходила в сад; он выпил водки, поел и сидел за кофе, когда рассыльный, он же и лакей, сказал, что его кто-то спрашивает.

— Зови сюда, — сказал Верстовский.

На террасу вышел горбатый телеграфист. Тот самый, который с сыном прибежал на крик Клочкина и первый услыхал об убийстве.

— Что скажете? — спросил Верстовский.

— А вот, — сказал, кланяясь, телеграфист, — нашли и подумали, может, вам нужно.

Он подал Верстовскому серебряную спичечницу. Она сразу показалась ему знакомой.

— Где вы нашли ее?

— А в этом логове... у убийцы...

— Как вы туда попали?

Телеграфист замялся.

— Я с сыном еще раз все обыскали. Везде были.

— И нашли это?

— Да. У него в сене. Он украл ее, верно, раньше.

— У кого?

— Да ведь это спичечница господина Клокчина. Ее все знают, — сказал телеграфист.

Верстовский кивнул и отпустил его.

Он стал допивать кофе. Перед ним лежала спичечница, и он задумался.

Разве это улика?

Если, действительно, Клокчин совершил преступление, то он выполнил его артистически.

Главное, он сам шел навстречу всем опасностям и уликам. Он первый открыл труп и побежал с криком на дорогу. Там он, встретив этого телеграфиста и его сына, побежал в город. На логово наткнулись во время осмотра местности, в нем нашли часы и сделали засаду.

На второй день попался Гвоздев.

Спичечница разве улика? Гвоздев ходил к ним и мог украсть.

Но надо дать знать Клокчину, что спичечница у него, и тогда он придет, и по лицу можно будет узнать истину.

* * *

Верстовский вечером нарочно пошел на вокзал.

Доктор и податной уже сидели за столом; вместо городского головы был председатель земской управы, а вместо исправника — акцизный контролер.

На блюде лежали грудой наваленные раки, на столе стояли вода и пиво.

— Криминалист! Лекок! Милости просим! — раздались голоса.

— А где ваш приятель? — спросил податной.

— Сейчас проводил, — ответил Верстовский, садясь к столу? — Какие новости?

— Ничего. Клокчин сидит у себя, никому не показываясь. Дамы горят от нетерпения увидеть его и ходят под его окнами, будто бы на купанье.

— Между прочим, господа, — равнодушно сказал Верстовский, — не знаете ли вы, чья это спичечница?

Он вынул спичечницу, найденную Кровных, и показал.

— Сергей Никаноровича, — тотчас воскликнул податной,

— сразу узнал. Где нашли? — и он с жадным любопытством посмотрел на Верстовского.

— Здесь, на вокзале, — равнодушно ответил Верстовский, — думал, кто из дачников.

— Его, — сказал доктор, повертев в руках спичечницу, — раньше у него тут фитиль был; потом он вынул его.

— Красивая штучка, — сказал акцизный.

— Чисто сделана! — добавил председатель.

Верстовский положил спичечницу назад в карман и улыбнулся.

"Завтра же Клокчин будет осведомлен о ней и, наверное, сам зайдет".

Верстовский простился с компанией и ушел.

* * *

Предположения Верстовского оправдались. Едва он кончил завтрак, как на террасе показался Клокчин. Верстовский взглянул на его холеное, спокойное лицо, на его полную, здоровую фигуру, и ему он сразу стал омерзительно противен. Клокчин словно заметил это впечатление, и его, исполненное благожелательности лицо, вдруг стало непроницаемо холодным.

В их рукопожатии не было искренности.

— Шел мимо, думаю: дай загляну! — сказал садясь Клокчин, кладя подле себя трость и шляпу.

— Очень рад, — ответил Верстовский, — собираетесь в именье?

— Да! Как ни тяжело, а дело требует. Теперь у меня идет уборка. Нужен глаз да глаз.

Он помолчал мгновенье и затем проговорил:

— Кстати. Мне тут сказывали, что вы нашли мою спичечницу. Признаться, я о ней очень скучал.

И при этом голос его был ровен, глаза глядели спокойно. Верстовский впился в него взглядом.

— А вы давно уже потеряли ее?

— Не могу даже точно определить. Недели две, — ответил

Клокчин и прибавил, — я, признаться, удивился, что вы нашли ее на вокзале.

Одно мгновение они боролись взглядами и Верстовский заставил Клокчина потупиться.

— Вы правы, — сказал он намеренно спокойно, — я нашел ее не на вокзале...

Клокчин спокойно выдержал его взгляд ожидая дальнейшей фразы.

— Ее нашли в жилище Гвоздева, в его логове.

— А! — воскликнул Клокчин, — вероятно, он украл ее в один из своих визитов.

— Вы могли обронить и сами...

В первый раз Клокчин как будто смутился, но только на мгновенье. Он слегка поднял брови и сказал:

— Я сам? Каким образом?

— В одно из посещений его логова, — ответил Верстовский и почувствовал торжество, видя во второй раз его смущение.

— Я? У него? — повторил Клокчин.

Обычная манера, когда человек не может найти быстрого ответа.

— По крайней мере, Гвоздев показал, что вы посещали его в его логове!

— А! — протянул Клокчин и деланно улыбнулся. — Действительно, я однажды набрел на его жилище и попросил показать мне дорогу.

— И после этого наведывались.

— Ну, уж этого не упомню, — с явной враждебностью ответил Клокчин и взялся за шляпу, — все-таки я рад, что моя спичечница отыскалась. Вы позволите?..

Верстовский встал.

— К сожалению, я не могу вам ее возвратить...

Клокчин выпрямился.

— Почему?

— Потому что я приложил ее к делу...

Лицо Клокчина дрогнуло; глаза сверкнули, но он только холодно улыбнулся.

— Ваше право, — сказал он, — хотя недоумеваю, в качестве

какого доказательства оно будет фигурировать в деле? — Он пожал плечами и поклонился. В одной руке у него была шляпа, в другой — палка.

Верстовский заложил руки за спину и ответил поклоном, сделав едва заметный шаг к двери.

Клокчин вышел. Верстовский опустился в плетеное кресло.

"Он! Иначе бы так не менялось его лицо и он не пришел бы в такую ярость! Но что делать дальше? Как обличить его", и Верстовский в злобном отчаянье чувствовал, что стоит словно перед каменной стеной.

* * *

Клокчин уехал в Петербург, а оттуда в имение, но Верстовский чувствовал в нем врага, готового во всякое время дать отпор и перейти в нападение.

Верстовский, пытаясь найти хоть слабый след, несколько раз передопрашивал Гвоздева и тот повторял свой рассказ почти, как заученный.

— А эту вещь ты когда украл? — спросил Верстовский, показывая спичечницу.

Гвоздев совершенно искренно изумился.

— Никогда не крал.

— А знаешь чья?

— Господина Клокчина. Раньше у них был фитиль высунут. Шнурком. Очень знаю.

— А знаешь, что ее я нашел у тебя же в шалаше.

Лицо Гвоздева вдруг осветилось.

— Не иначе, как обронил. Подбрасывал часы эти, торопился и вот.

Верстовский был убежден в том же, но сказал:

— Недаром ты по тюрьмам учился.

— Как вам будет угодно, — уставшим голосом проговорил Гвоздев.

Верстовский почувствовал, что никогда он не будет в силах предать его суду.

* * *

В тот же день он получил запрос от прокурора о положении дела.

Долго подготовлявшееся решение сразу сложилось в уме Верстовского.

Наблюдение человеческой преступности утомило его душу. Год от году он все более тяготился должностью следователя, и теперь это дело переполнило меру его терпения.

Обличить истинного преступника он не умеет, предать суду невинного выше его сил.

Он послал на другое утро заявление о болезни с просьбою назначить заместителя и словно успокоился.

Два дня спустя на его место приехал молодой человек, кандидат на судебную должность.

Принимая дела от Верстовского, он с юношеским оживлением говорил ему:

— Я считаю должность судебного следователя одной из самых благородных в служении обществу. Раскрывать преступление, обличать преступника и предавать его во власть правосудия.

— Я так же думал, — сказал Верстовский, — но преступления, раскрываемые нами, и раскрывать не надо, — они так просты и явны. Обличать преступника в том, что он всыпал полфунта мышьяка в похлебку ближнего или ограбил на реке, или поджог лавку, увезя из нее товар, — просто до пошлости. Те же преступления, которые должны бы поразить ужасом, которые выполнены не жалким вором или нечаянным убийцей, а хорошо обдумавшим свое дело, — те никогда не откроются нами. И, поверьте, нераскрытых преступлений неизмеримо большее количество, чем открытых; наказанных и обличенных преступников неизмеримо меньшее количество, нежели гуляющих на свободе и издевающихся над правосудием.

— Я другого мнения, — возразил юный кандидат прав, — преступления раскрываются всегда, хотя бы через 10 — 15 — 20 лет. Раскрываются самые обдуманные, так сказать, артистические. Возьмите Гилевича, О`Бриена де-Ласси... Как ни будь тонко задумано преступление, нельзя предвидеть все случайности, и на них преступник всегда попадается.

— Это потому, что мы знаем только раскрытые преступления. Сколько, я уверен, схоронено жен и мужей, отравленных мужьями и женами. Сколько сожжено домов ради страховой премии, сколько пропавших без вести людей в действительности убитых и ограбленных! И то, что попадается нам, это — только отбросы общественной преступности.

На другой день он уехал, а спустя месяц подал в отставку и записался в присяжные поверенные.

Полгода спустя он прочел в газете отчет судебного разбирательства дела об убийстве и изнасиловании Клокчиной.

Присяжными заседателями были мещане, а старшиною оказался Образинов, местный домовладелец и лавочник. Все эти мещане заведомо ненавидели насильно приписываемых к их обществу бродяг, от которых они пытались всячески избавиться. Корреспондент описывал, как были возмущены все присутствующие, когда подсудимый прибегнул для защиты к оговору "всеми уважаемого и пораженного несчастьем супруга убитой".

Раздраженные присяжные почти без совещания вынесли обвинение, и суд назначил 15 лет каторжных работ. "Так восторжествовало правосудие", — заканчивалась корреспонденция.

Верстовский горько усмехнулся.

Так торжествует правосудие и так составляется общественное мнение.

Прошло лет пять. В фойе театра Верстовский случайно встретился с земским врачом, с которым выпивал когда-то в комнате за буфетом.

— Приехал проветриться, — объяснил врач.

Верстовский позвал его ужинать и, сидя за столиком в ярко освещенном зале, под грохот музыки врач рассказывал новости и сплетни своего маленького городка.

— А что Клокчин? — спросил Верстовский.

— Уважаемый Сергей Никанорович, — воскликнул врач, — первое у нас лицо. В прошлом году выбран в уезде предводителем дворянства. Живет открыто. Хлебосол. Жена его немного в руках держит.

— Он женат?

— Э, батенька! Через год после той катастрофы. Отменная барынька. У них уже двое детей. Податной наш говорит, что он и раньше жил с нею.

Верстовский кивнул головою.

— Так! А как отнеслись к рассказу Гвоздева на суде?

— Гвоздева? Ах, это убийцы-то! Возмутились, батенька. Наглость непомерная.

Доктор отпил из бокала и проговорил:

— Всеми уважаемый человек. Таких мало. Нужный человек.

Верстовский не возражал и перевел разговор на другие темы.

www.ingramcontent.com/pod-product-compliance
Lightning Source LLC
Chambersburg PA
CBHW010808250626
47156CB00010B/3040